HEYNE
BÜCHER

Das Buch

Im Reden sind wir alle gut. Das hat beruflich Vorteile.

Privat nicht. Denn aus irgendeinem belanglosen Mist wird durch die Redegeilheit eine endlose Diskussion.

Ergebnis: Man ist kein Stück weiter, aber mit den Nerven fertig. Und mit den Stimmbändern meistens auch.

»Laß uns bloß nicht darüber reden«, heißt der Stoßseufzer vieler Paare.

Und so heißt das Buch, in dem die Psycho-Autorin Eva Gesine Baur vielen aus der Seele spricht. Mit schonungslos scharfem Blick sieht sie die klassischen Situationen, in denen wir uns festreden und feststreiten. Und zeigt uns, wie wir rechtzeitig die Kurve kratzen können.

Jeder erkennt sich in diesen Szenen wieder – und wird sich trotzdem darüber amüsieren können. Denn mit etwas Distanz betrachtet sind solche Diskussionen der beste Komödienstoff.

Die Autorin

Eva Gesine Baur studierte Germanistik, Kunstgeschichte und Musikwissenschaften in München.

Sie arbeitete als Redakteurin und Chefredakteurin bei verschiedenen Zeitschriften. Seit 1989 ist sie freie Autorin, schreibt Reisereportagen, psychologische Kolumnen, Interviews, Features und Dossiers für *Elle, marie-claire, Männer-Vogue, e t* u. a. m. und arbeitet fürs Fernsehen (NDR) an eigenen Serien.

Zusammen mit ihrem Ehemann, dem Facharzt für Psychiatrie Dr. Wilhelm Schmid-Bode, verfaßte sie das bei Heyne erschienen Buch: *Was heißt hier pervers?* (Bd.-Nr. 17/88) über sexuelle Perversionen.

EVA GESINE BAUR

Laß uns bloß nicht drüber reden!

Wie wir eine Beziehung kaputtquatschen

Originalausgabe

WILHELM HEYNE VERLAG
MÜNCHEN

HEYNE ALLGEMEINE REIHE
Nr. 01/9155

Redaktion: Birgit Groll

Copyright © 1994
by Wilhelm Heyne Verlag GmbH & Co. KG, München
Printed in Germany 1994
Umschlagillustration und Gestaltung: Carla Manco, München
Satz: Schaber Satz- und Datentechnik, Wels
Druck und Bindung: Presse-Druck, Augsburg

ISBN 3-453-07603-6

INHALT

DER EWIGE KRIEG
UM DEN FRIEDEN

oder:

*Warum fällt uns streiten
so wunderbar leicht?*

Der Sex ist es nicht.

Der Reichtum ist es nicht.

Das ewige Leben auch nicht.

Das Gemeinsame aller Glücksvorstellungen auf der Welt ist der Frieden.

Behauptet einer, wie Franz Alt, »Frieden ist möglich«, kaufen die Leute das Buch um so eifriger, je bedrängender ihre Angst vor Unfrieden ist.

Nur weiß keiner so recht, wie Frieden eigentlich geht.

Nicht einmal in unserem eigenen privaten Hoheitsgebiet schaffen wir's, einen Frieden zu stiften, der mehr ist als ein Waffenstillstand aus Verzweiflung. Dabei träumen wir alle davon.

Josef Neckermann und Dieter Hildebrandt, Hildegard Knef und Hildegard Hamm-Brücher, Milva und Anneliese Rothenberger, Astrid Lindgren und Peter Zadek, Karl Lagerfeld und Martin Held, Blacky

Fuchsberger und Will Quadflieg, Walter Jens und Walther Leisler Kiep, Philip Rosenthal und Jurek Becker. Sie alle und Hunderte anderer Prominenter haben in den Marcel Proustschen FAZ-Fragebogen bei der Frage nach dem größten Unglück ›Krieg‹ eingetragen. Demnach müßten sie auch auf die Frage nach dem vollkommenen Glück ›Frieden‹ eintragen. Das aber tut kaum einer.

Besser gesagt: traut sich kaum einer. Dabei meinen sie es. Aber zuerst mal im engsten eigenen Bereich. Bei Unglück denken wir an die Welt als solche, bei Glück an unsere eigne Haut.

Frau Hamm-Brücher hält ›dauerhafte menschliche Bindungen‹ für das größte Glück. Und menschliche Bindungen dauern nur, wenn sie halbwegs friedlich sind.

»Frei zu sein von Angst und Haß, aber nicht von Liebe«, schreibt Peter Zadek auf die Frage nach seiner Glücksvorstellung. Lilli Palmer meinte schlicht, vollkommenes Glück sei »eine glückliche Ehe« (sie probierte es mit mehreren). Dieter Hildebrandt erklärt ganz spottfrei, sein größtes Glück sei, geliebt zu werden. Und Deutschlands begabtester Rhetoriker Walter Jens sagt: »Kein Krieg. Kein gewaltsamer Tod. Kein qualvolles Sterben.«

Er definiert Frieden und Glück ex negativo, die anderen, wenn sie nicht prinzipiell die Existenz von Glück leugnen, reden drumherum oder von irgendwelchen privaten Gefühlen.

Frieden ist ein Wort, vor dessen Pathos und Anspruch wir uns fürchten. Und dabei wäre es doch sehr unpathetisch und praktisch, ein friedliches Privatleben zu führen.

Das klingt Avantgardisten natürlich zu spießig,

Intellektuellen zu dümmlich, bescheidenen Menschen zu mächtig, erlebnishungrigen zu langweilig, liebesdurstigen zu trocken und komplizierten zu einfach.

Aber wenn wir vom Frieden reden und vom Krieg, reden wir immer von denen, die in der Politik dafür zuständig sind.

»Ich versteh' einfach nicht, wie die (die!) in Bosnien es nicht schaffen, Frieden zu machen.«

»Das kapiert keiner, daß die (die!) in Israel nicht endlich mal aufhören.«

»Die (die!) müssen doch verrückt sein, daß die nicht endlich Schluß machen mit dem Dauerkrieg in Irland.«

Endlose Streitereien, Verletzungen ohne Sinn und Verstand und vor allem die Unfähigkeit, mit dem zerstörerischen Wenn-Dann aufzuhören: im Weltgeschehen betrachten wir das alles fassungslos.

Und bei uns?

Theoretisch ist jedem klar, daß sogar unsere seelische und körperliche Gesundheit als Basis den Frieden braucht. In unserer Welt, Umwelt und Umgebung und in uns selber. Keinen Scheinfrieden wohlgemerkt, bei dem jeder doch weiter an Atomsprengköpfen bastelt.

Sondern jene Balance, die viel stabiler ist, als sie wirkt. Kein Gleichgewicht des Schreckens, sondern des Glücks – ein inneres Gleichgewicht. Eine Binsenweisheit, was?

Praktisch aber sind wir fast alle nicht zum Frieden imstande.

Nicht, weil wir verlernt hätten, über Gefühle zu reden. Sondern weil wir verlernt haben, über sie zu schweigen.

Nicht, weil wir unsere Gedanken geheimhielten. Sondern weil wir sie haltlos kundgeben.

Diese verbale Inkontinenz halten wir für modern.

Transparenz und Offenheit werden ständig als zeitgemäße Tugenden angepriesen. Um so mehr, als die politischen und wirtschaftlichen Verhältnisse undurchsichtiger werden und immer mehr Entscheidungen vor der Öffentlichkeit verborgen werden.

Zu deutsch: Wir kultivieren das Klischee von Offenheit, um die zunehmende Verschlossenheit zu kaschieren. Um uns über die unleugbare Tatsache hinwegzubetrügen, daß immer mehr Wesentliches gar nicht erst ans Tageslicht kommt.

Der Enthüllungsjournalismus füttert uns mit Stücken, die wir für kapitale Brocken halten, die in Wirklichkeit aber nur jämmerliche Häppchen sind, die den Hunger nach Wahrheit dämpfen. Appetitzügler, sozusagen. Denn unbewußt ist uns klar: die Informationsflut ist ein Placebo.

Wenn jemand behauptet, in privaten oder beruflichen Diskussionen offen zu sein und Dinge transparent machen zu wollen, bedeutet das meistens, daß er andere zu Zugeständnissen zwingen will, zur Preisgabe von Dingen, die er für sich behalten wollte. Im Namen der hl. Offenheit wird verletzt. Im Namen der hl. Offenheit wird auch der menschliche Voyeurismus bedient. »Wir legen endlich das verborgene Leben der Prinzessin Di offen«, loben sich die Paparazzi.

»Wir legen unsere Probleme offen«, klopfen sich Unternehmer auf die Schultern, wenn sie Massenentlassungen nicht mehr aus dem Weg gehen können und jahrelange Mißwirtschaft sich nicht mehr verbergen läßt.

Leider praktizieren wir im Privatleben dasselbe. Da wird mit grenzenloser Offenheit jedes Problem ausdiskutiert.

Ohne Ergebnis.

Da legen Partner angeblich alles voreinander offen auf den Tisch und kennen sich immer weniger.

Es ist wie bei den Friedensverhandlungen von Serben und Muslims: ein Übermaß an Aktionismus soll vertuschen, daß die Fronten völlig verhärtet sind und sich nichts, aber auch gar nichts bewegt.

»Eine Diskussion ist unmöglich mit jemandem, der die Wahrheit nicht sucht, sondern vorgibt, sie schon zu besitzen«, hat Romain Rolland vollmundig behauptet. Wahrscheinlich hat er damit recht.

Nur ist Wahrheitssuche halt eine Übung, die für normale Sterbliche ein paar Nummern zu schwierig ist. Aber eines wäre zu schaffen: daß wir *nicht* ständig zu Ergebnissen kommen wollen.

Es ist Unsinn, zu erwarten, daß am Ende einer partnerschaftlichen Auseinandersetzung (wir können sie auch Streit nennen) der eine voller Einsicht dem anderen recht gibt.

Wenn der Streit zeigt, wo der andere steht, hat er doch schon etwas gebracht.

Nur dabei belassen wir's nicht. Wir streiten als Überzeugungstäter. Und geben erst auf, wenn der andere (natürlich auch ein Überzeugungstäter) so fertig ist, daß ein Waffenstillstand anberaumt werden muß, weil die Beteiligten lazarettreif sind.

Und dann kommt der reuevolle Konjunktiv: Hätten wir doch bloß nicht damit angefangen. Hätten wir bloß nicht drüber geredet.

Das Buch hier will keine Argumentationshilfe für eine neue Form der Verlogenheit sein. Es will nur zeigen, wann und warum das Bereden von Problemen uns von dem Problem entfernt. Wie oft wir reden, um nichts sagen zu müssen. Und wie sehr wir uns oft sehnen nach einer Liebe ohne Worte.

DER VERBALE OVERKILL

oder:

*Warum soll ich denn
zuerst aufhören?*

Was es ist

Es ist Unsinn
sagt die Vernunft
Es ist was es ist
sagt die Liebe

Es ist Unglück
sagt die Berechnung
Es ist nichts als Schmerz
sagt die Angst
Es ist aussichtslos
sagt die Einsicht

Es ist was es ist
sagt die Liebe

Es ist lächerlich
sagt der Stolz
Es ist leichtsinnig
sagt die Vorsicht
Es ist aussichtslos
sagt die Einsicht
Es ist unmöglich
sagt die Erfahrung
Es ist was es ist
sagt die Liebe

(ERICH FRIED,
aus: ›Als ich mich nach dir verzehrte‹)

Wir beten sie alle an. Wir müssen Sie anbeten, ihr Opfer bringen, alles für sie tun. Andernfalls sind wir Parias der sogenannten modernen Gesellschaft.

Die Kommunikation ist das goldene Kalb unserer Jetztzeit geworden.

»Du bist ja kommunikationsunfähig«, beschimpft einer den anderen, wenn der keine Lust mehr hat, eine sinnlose Diskussion fortzusetzen.

Als wäre ein größenwahnsinniger Verkehrsminister zugange: Ständig eröffnen sich uns neue Kommunikationswege, nach denen keiner gefragt haben will. Vom Fax übers Kabelfernsehen bis zum Cyberspace, vom Computerhacken bis zum Bildtelefon. Und wer sie nicht nutzt, gilt als gestrig, neuerungsfeindlich, uninformiert.

Kommunikation, und zwar dauernde, ist zur ersten Bürgerpflicht geworden.

Und das Verweigern zum liebsten Hobby.

Irgendeine Form der Kommunikation lehnt jeder ab. Die wenigsten das Fernsehen, viele (noch) das Bildtelefon, fast alle die Techniken des Überwachungsstaats – auch das ist Kommunikation, erzwungene freilich.

Und dabei verstehen und sagen wir einander immer weniger.

Die Pflicht, sich selber mitzuteilen und sich alles mitteilen zu lassen, hat uns entfernt von dem, was die Basis von Liebe und Freundschaft ist: von der nonverbalen Kommunikation.

Wir lesen Bücher über Körpersprache und können sie nicht mehr sprechen.

Wir machen Kurse über's richtige Flirten und über's richtige Küssen, weil wir sogar das verlernt haben. Gurus lehren uns, Bäume zu umarmen, weil wir nicht mehr wissen, wie sich umarmen anfühlt.

Kurz: wir sind besessen von dem Glauben, Kommunikation sei allmächtig und immer machbar.

So wie wir erwarten, daß sofort das Bild erscheint, wenn wir den Fernseher einschalten, so erwarten wir auch, daß es mit dem Kommunizieren auf Knopfdruck einfach funktionieren *muß*. Die Folge dieses treuen Glaubens erleben wir täglich. Plötzlich kriege ich beim Fernsehen den Kanal nicht rein, auf dem ich gerade einen Film sehen will. Und schon verliere ich die Fassung. Genauso funktioniert es im zwischenmenschlichen Bereich.

Wir gehen einfach davon aus, daß jeder zu jeder Zeit anrufbar und abrufbar sein muß. Und stellen fest: es funktioniert doch nicht.

Der Partner brüllt mich an, der Chef macht mich fertig, die Kinder hören mir nicht zu.

Logischer Schluß: zur Kommunikation fehlen neue Geschütze.

Und argumentative Waffenlieferanten gibt's ja genug.

»Du kannst mich einfach nicht verstehen«, spricht da ein Buch allen aus der Seele, die sich nicht verständlich machen können.

Der satte Markt der Psycholiteratur lebt zum großen Teil davon, daß er frei Haus Entschuldigungen dafür liefert, daß wir aneinander vorbeireden und Argumente, warum die Kommunikation nicht klappt. Schuld ist natürlich immer der andere. Und die Argumente, die ich dafür brauche, nehme ich begierig auf.

Wenn Frauen zu sehr lieben, wenn Männer zu sehr lieben: dann tun sie ja etwas Wunderbares, nämlich lieben, und an allem Knatsch ist der Partner schuld, der soviel Liebe weder versteht noch verdient.

Die Diskussionen in deutschen Beziehungen werden immer länger, heftiger und unfruchtbarer.

Denn aus lauter Kommunikationszwang geben wir mehr preis, als wir wollten.

Da kommt irgendwann nachts um zwölf nach drei Stunden Streit genau das auf den Tisch, was sich die Beteiligten eigentlich nie, nie servieren wollten.

Kommunikation dieser Art birgt offenbar ein Suchtpotential: keiner kann mehr aufhören, beide hängen an der Nadel, durch die neuer Zündstoff fließt. Und dann wird gestritten und diskutiert bis zur Erschöpfung.

Die Pause, das Zögern, das Schweigen – damit können wir nicht mehr leben.

Inspirierend wirken sich da natürlich Vorbilder und Leitfiguren aus: als ein guter Talkmaster gilt der, der alles anspricht und ausspricht und keinen Sekundenbruchteil die angeblich peinliche Stille aufkommen läßt. Politiker sagen lieber fünf Minuten lang nichts aus, selbstverständlich in vielen Präpositionen und Floskeln (Kanzler Kohl: »Die Schwierigkeit ist das Problem«), als fünf Minuten mal den Mund zu halten.

Daraus lernt der aufmerksame Bürger natürlich. Nichts, wozu er nicht eine Meinung abgäbe, wenn ihm ein Journalist das Mikrofon vor die Nase hält. Nichts, wozu er nicht etwas sagen könnte, obwohl er nichts zu sagen hat.

Lange vielsagende Blicke kennen wir nur aus Romanen. Uns sagen Blicke meistens ziemlich wenig.

Den logischen Schluß, das Aneinandervorbeireden dadurch zu vermeiden, daß man ausnahmsweise nicht redet und statt dessen wartet, bis auf der gemeinsamen Wellenlänge wieder etwas funkt – den zieht kaum mehr einer.

Die meisten Haushalte werden zu privaten TV-Talk-Runden, wo jeder den Beitrag am besten findet, der er selber bringt und derjenige gewinnt, der am besten ins Wort fallen kann.

Daß wir uns nach etwas ganz anderem sehnen, verraten wir unfreiwillig.

Da wird ein Buch wie Benoîte Groults ›Salz auf unserer Haut‹ zum Bestseller.

Eine Geschichte, die vor allem von einem erzählt: von einer Leidenschaft ohne äußere Motive, Worte, Rechtfertigungen. Einer Liebe, für die es keine Argumente gibt, außer dem einen: daß es Liebe ist.

»Es ist was es ist sagt die Liebe.«

Sie verteidigt sich nicht, sie beschreibt sich nicht, sie geht gar nicht ein auf die Anfechtungen der ewigen Zweifler. Denn wie will sie sich verteidigen gegen den Vorwurf, es gebe Schmerz in der Liebe. Oder Unglück. Oder Leichtsinn.

Ginge sie ein auf alle diese Argumente, das Ergebnis wäre eine endlose Diskussion. Die Liebe, die nur lächelnd die Achseln zuckt, ist die, die am wenigsten angreifbar ist.

Von dieser Liebe, wie sie Erich Fried in seinem Gedicht beschreibt, von der träumen wir – heimlich.

Von einer Liebe, an der das Mißtrauen abläuft wie Wasser an einem gesunden Fell.

Und die ist natürlich unmöglich in einer Welt täglicher Anfechtungen und Anfeindungen. Keine Beziehung kann heute funktionieren ohne den Austausch über die Sorgen, die immer nur der banal findet, der sie nicht hat. Jede Partnerschaft braucht die Diskussion als Reibungsfläche, an der sich Gefühle entzünden. Und auch den Streit, der wie ein Gewitter die Atmosphäre reinigt.

Aber sie braucht eben noch dringender die Fähigkeit der Beteiligten, aufhören zu können.

Hinzunehmen und anzunehmen, ohne daß dabei ein Magengeschwür wächst.

Ohne Fragen zu vertrauen, ohne Kontrolle dem anderen die Treue zu glauben, fällt den meisten schon reichlich schwer. Und noch schwerer, da aufzuhören mit der Debatte, wo man sich selber im Recht fühlt. Kurz vor dem endgültigen Sieg zurückzustecken.

Schon solche Wörter wie Sieg und Kontrolle verraten, wie sehr wir im privaten Leben die Fehler des politischen Lebens imitieren, Rüstungskontrolle für notwendig halten, die Siegermacht sein wollen.

Und wie sehr wir auch in Gefahr sind, durch verbales Herumzündeln plötzlich einen Weltbrand auszulösen, der alles vernichtet. Plötzlich ist das gemeinsame Terrain verseuchte Erde und unbewohnbar geworden. Kontaminiert von uns selber, weil wir nicht rechtzeitig aufhören konnten. Jeder kennt sie: diese sich verselbständigende Sucht, weiterzureden und weiterzureden und weiterzureden...

Es ist sogar bei den meisten Menschen mit bestimmten physischen Empfindungen gekoppelt. Einem Gefühl im Bauch, das bei jedem neuen verbalen Vernichtungsschlag intensiver wird, das wollüstige Gefühl, mit dem der Zerstörungstrieb uns immer weiter hervorlockt. Und stehen wir da lustvoll schaudernd an der Klippe, dann sehen wir in den Abgrund und spüren einen eigenartigen Sog, zu springen, den letzten Schritt zu tun, der aus der Zerstörung auch Selbstzerstörung macht, dieses Wort zu sagen, das Umkehr unmöglich macht.

Redet sich ja schlau, zu sagen: Halt mal die Luft an. Denn wenn wir erst mal drin sind in diesem Rausch des zerstörerischen Streitens, kann uns nichts schlagartig ausnüchtern.

Die einzige Methode, dagegen anzukommen, ist, sich klarzumachen, in welchen Situationen wir zu Diskussions-Alkis werden.

Streit funktioniert wie Alkohol.

Wenn er von bester Qualität ist und bewußt und in Maßen genossen wird, belebt er. Ein Glas Schampus oder ein kurzer, überschäumender Streit: das inspiriert, durchaus; wie der Alkohol fördert Streit in kleinen Mengen nachweislich die Kreativität... und die sexuelle Lust. Schon in den 70er Jahren haben die Untersuchungen des Verhaltensforschers Harry F. Harlow an der Universität Wisconsin nachgewiesen, daß die absolute Friedlichkeit sich auf den sexuellen Appetit schlägt. Streit (in Maßen) macht geil, hieß das Ergebnis seiner Langzeitstudie mit unseren nächsten Verwandten: die Affen entwickeln Paarungsgelüste nur, wenn sie gelegentlich ihre Aggressionen haben dürfen. Affen, die in einer völlig aggressionsfreien Umgebung groß wurden, waren sexuell völlig desinteressiert.

Und auch guter Streit stimuliert, erotisiert sogar. Nur ist leider synchron mit dem Alkoholismus auch die haltlose Diskussionssucht mittlerweile zu einem gewichtigen Volksproblem ausgewachsen. Und das einzige Mittel, dagegen anzukommen, ist eine ziemlich anstrengende, wenn auch nebenwirkungsfreie Methode: die Selbstbetrachtung.

Warum greife ich wann zur Droge ›Zerreden‹? Wann kommt der Punkt, an dem ich nicht mehr aufhören kann? Warum lerne ich nicht aus dem miesen Gefühl am Tag danach?

Wer sich klar ist über die brisanten Situationen, in

denen er zum Gelegenheits-Alki wird, kann sich genau da bewußt beobachten und befehlen: Du fängst jetzt gar nicht erst an.

Zu deutsch: Gar nicht erst den ersten Schluck nehmen, wenn ich mir drüber klar bin, daß ich die Flasche diesmal leersaufen werde. Gar nicht anfangen mit der Diskussion, wenn ich weiß, das wird eine sein, die in der Totalerschöpfung endet.

Meistens wiederholen sich nämlich in jeder Partnerschaft mit schon ritueller Genauigkeit die Situationen, in denen aus Reden Zerreden, Kaputtreden, Totreden wird, so haarscharf, daß Außenstehende sich über den Wiederholungszwang nur wundern.

Klassische Fragen, die helfen, ihm zu entgehen, wären:

Warum muß ich jetzt wieder herumreiten auf diesem Punkt, der noch immer zum Streitpunkt wurde?

Warum muß ich ausgerechnet heute wieder in seiner/ihrer Vergangenheit rumbuddeln?

Warum fange ich ausgerechnet jetzt, wo wir Liebe machen wollten, mit dem Problem an, das wir gestern schon durchgekaut hatten?

Warum rede ich wieder über diese Person, über die wir schon immer zweierlei Meinung waren?

Das ›gemeine‹ an diesen wunderbaren Fragen ist: Sie sind an mich gerichtet. Das gilt auch für die schwierigste Frage, die heikelste:

Warum kann ich es nicht ertragen, daß ein Mensch, dem ich angeblich vertraue, etwas für sich behält? Einen Rest Geheimnis wahrt? Sich nie ganz bis in den letzten Seelenwinkel öffnet?

Warum hab' ich Angst vor dem Geheimnis?

DIE ANGST
VOR DEM DUNKLEN

oder:

*Was verschweigst du mir
schon wieder?*

»Heiß mich nicht reden, heiß mich schweigen!
Denn mein Geheimnis ist mir Pflicht;
Ich möchte dir mein Ganzes Innre zeigen,
Allein das Schicksal will es nicht.«

GOETHE, ›Wilhelm Meisters Lehrjahre‹

Der Verein ist mächtig, streng hierarchisch aufgebaut und undurchsichtig.

In der Führungsetage voll von mehr oder weniger appetitlichen, geilen oder kriminellen Geheimnissen.

Der Verein beweist seine Macht nun ausgerechnet darin, daß er seinen normalen zahlenden Mitgliedern unter Strafandrohung verbietet, irgendwelche Geheimnisse zu haben.

Sollte Ihnen dieser Verein suspekt vorkommen,

haben Sie recht. Nicht ohne Grund treten jedes Jahr zahlreiche Menschen allein in Deutschland aus der Kirche aus.

Trotzdem: die Intelligenz, mit der die Strategien und psychologischen Mechanismen dieser Institution ausgebrütet und angewandt worden sind und werden, ist bewundernswert.

Wer auch immer daran beteiligt war, die ausgefeilten repressiven Methoden der Kirche zu entwickeln und zu praktizieren, wußte Bescheid über die Kraft und Magie des Geheimnisses, der Geheimhaltung, der Verheimlichung.

Ein Geheimnis zu haben, das umgibt jeden Menschen mit einer Aura.

Er strahlt, ganz gleichgültig, um welche Sorte Geheimnis es sich handelt, eine schwer zu beschreibende Macht aus, die andere reizt, provoziert, mißtrauisch macht und oft ängstigt.

Wie ein offenes Buch, behaupten manche Erziehungsberechtigten, lägen ihre Kinder vor ihnen. Das sind sehr oft die Eltern von Kindern, die wahlweise bei harten Drogen, Besitzkriminalität oder Neonazis landen.

Denn die Eltern beschwören mit solchen Aussagen bereits die Angst vor den Geheimnissen ihrer Kinder herauf. Und diese Haltung wiederum kriminalisiert das Geheime. Macht es zu einem Delikt, nicht alles zu verraten und offenzulegen.

Wer Geheimnisse zu etwas Schlechtem erklärt, fordert das Verheimlichen geradezu heraus.

Und wer sich vor den Geheimnissen anderer fürchtet, hat meistens Angst vor sich selber und dem Dunklen, Unentdeckten in sich.

Wenn Kinder unter der Bettdecke lesen, ruft das

meistens unangemessen heftige Reaktionen der Eltern hervor.

Fragt sich: Warum regen sie sich derart auf? Meistens liest das Kind nämlich nichts anderes, als es auch bei Tag verschlingt. Weil den Eltern das Ganze *unheimlich* ist! Schon das Zusammentreffen der beiden Wortbestandteile UN und HEIMLICH gibt zu denken.

Das Geheimnis ist doch nichts anderes als das, was ich berge in meiner engsten Umgebung – meinem mentalen Heim. Und das intimste, das für Unbefugte unbetretbare Heim ist die Seele, der eigene Kopf, das Wohnhaus für die Fantasien.

Un-heimlich ist alles, was in dieses geistige Heim, diese Seelen-Welt nicht hineinpaßt, was ihr unverständlich bleibt und fremd. Und was daher angst macht.

Wer genügend Märchen, Mythen und Legenden in sich aufgenommen hat, weiß aber: dort trifft die Strafe des Schicksals meistens nicht die, die das Geheimnis haben. Sondern diejenigen, die es jemand anderem unbedingt entlocken oder entreißen wollen.

Schwanenritter Lohengrin teilt mit Elsa Bett und Tisch, aber nicht das Geheimnis seiner Familie.

Das treibt die Gute derartig um, daß sie ihn trotz ihres Schwurs, genau danach nie zu fragen, fragt (interessant, daß sie dazu von einer Feindin und Konkurrentin angeregt wird). Prompt ist die glückliche Ehe im Eimer und Lohengrin wieder on the road.

Oder die Geschichte von Psyche; die entzückende Geliebte von Gott Amor (= Eros) ist wegen zuviel Schönheit bei der potentiellen Schwiegermutter Venus (= Aphrodite) nicht erwünscht. Daher vereinbart der göttliche Lover mit ihr heimliche Treffs an verborgenem Ort und im Dunklen. Einzige Bedingung seiner sonst bedingungslosen Liebe: sie soll keinen Identitätsnachweis von ihm verlangen und nicht in diesem Geheimnis rumschnüffeln. Psyche ist sexuell (Lover ist erfahren und kommt häufig) und materiell (Geschenke groß und häufig) restlos zufriedengestellt, wird von neidischen Schwestern (wegen großer Geschenke) aufgestachelt, schaut das nächste Mal den postkoital ermüdeten anonymen Liebhaber bei bester Beleuchtung an, verschüttet dabei Öl aus der Lampe, und prompt ist Amor entschwunden und die Beziehung futsch. Erst nach langen, völlig unnötigen Leiden, kommt Psyche wieder an ihn ran.

Zu deutsch: Diese Geschichten warnen uns davor, unser Glück aus reiner Geltungssucht zu zerdeppern. Gefragt wird da nämlich immer nur aus Gründen der Eitelkeit. Wie steh' ich vor den anderen da, vor der Konkurrentin oder den Schwestern, wenn mein Mann ein Liebhaber ohne festen Wohnsitz ist, ein Typ ohne Leumundszeugnis und Familienbuch, über den ich nicht einmal eine Bankauskunft einholen kann?

Elsa fragt deswegen, Psyche spickt deswegen, und auch der hinlänglich bekannte Streit der Nibelungen entzündet sich an unnötiger Fragerei aus Standesdünkel: Kriemhild und Brünhilde sorgen für Mord und Totschlag, bloß weil eine vor der anderen in die Kirche reingehen will. Dann plaudert die eine ein Geheimnis aus – Kriemhild eröffnet Brünhilde, daß nicht ihr Ehemann Gunther, sondern Kriemhilds Ehemann Siegfried sie unter einer Tarnkappe bezwungen und damit zur Frau gewonnen habe – und schon ist es vorbei mit der friedlichen Verwandtschaft. Dabei hatte Siegfried seiner Frau gründlich eingeschärft, dieses Geheimnis um nichts in der Welt auszuplaudern.

Was in diesen Geschichten bestraft wird, ist das mangelnde Vertrauen in die Liebe und den geliebten Menschen.

Zugegeben, es gibt natürlich die andere Sorte Märchen, wo das Geheimnis nur dazu dient, jeden normal neugierigen Menschen nervös zu machen und ihn aus der Reserve zu locken, damit man ihn hinterdrein bestrafen kann.

Die berüchtigte dreizehnte Kammer, zum Beispiel, die nicht geöffnet werden darf: Ohne Angaben von Gründen, übrigens, weil der Gehorsam ja blind und nicht intelligent sein soll.

Und sobald es passiert, ist das Glück vorbei. Dahinter steckt noch eine andere Denke. Da geht es nämlich nur darum, den blinden Gehorsam zu testen, und sobald der nicht funktioniert, wird bestraft, um die Autorität zu wahren.

Das ist letztlich derselbe Trick, mit dem bis heute viele Eltern ihre Kinder vom Weihnachtszimmer fernhalten.

Und Geschichten dieser Art sind meistens von der Kirche erfunden, von braven Pädagogen oder einer anderen Institution, die Gefolgschaftstreue praktisch findet und sich zur eigenen Verwendung erhalten will. Das Geheimnis ist wie eine Larve, eine Maske im Karneval, die selbst aus einer banalen Existenz, die sie verbirgt, etwas Aufregendes, sogar Bedrohliches macht.

Ganz kennzeichnend ist die berühmte Szene aus Mozarts ›Don Giovanni‹: Der mehr als abgebrühte Berufs-Verführer erschrickt vor den drei Masken, obwohl dahinter drei Menschen stecken, die er ansonsten nach Strich und Faden verspottet und verarscht hat. Mit Maske aber erscheinen sie ihm wie Boten drohenden Unheils, denn sie wissen auf einmal mehr über ihn als er über sie; das ist die Basis der Macht.

Etwas zu kennen, zu definieren, benennen und festlegen zu können, beruhigt.

Alles, was sich diesem Zugriff entzieht, beunruhigt.

Deswegen hat auch die Erotik für viele Menschen etwas Dämonisches, Beunruhigendes.

Eros hat in der Antike ja zweierlei Bedeutung: die der aus dem Chaos geborenen Gottheit Eros, als einer das All verbindenden Energie, einer Urkraft, und die des Liebesgottes, lateinisch Amor genannt, der mit seinen Pfeilen ahnungslose Leute mit Liebe infiziert.

Von beiden hat der Eros etwas, wie er in Platons ›Gastmahl‹ beschrieben wird. Ein unwiderstehlicher Chaot, ein mächtiges Bürschlein, ein nicht gerade solider, aber trotzdem omnipräsenter Rumtreiber ohne feste Adresse. Nirgendwo zu Hause, immer auf der Suche.

Es treibt ihn um und umeinander.

Nicht zufällig leitet sich ›Trieb‹ von ›treiben‹ ab.

»Die Liebe besteht zu dreiviertel aus Neugier«, diagnostizierte der hier kompetente Chevalier de Seingalt alias Casanova; ›neues Haus‹ heißt sein Name wörtlich übersetzt.

›Neuhaus‹ heißt, darauf Bezug nehmend, ein sich unwiderstehlich dünkender Verführer mit Bindungsängsten in der Komödie ›Der Schwierige‹ von Hugo von Hofmannsthal. Eros ist ein Trieb, der ständig ein neues Haus sucht. Oder zumindest eins, das er noch nicht zu kennen meint.

Die Erotik ist vagant, führt ein Zigeunerleben, braucht den Freiraum.

Und selbst in einer monogamen Beziehung ist sie darauf angewiesen, irgendwohin ausweichen zu können. In beiden Beteiligten muß immer ein Stück terra incognita, ein unbekanntes Land, liegen, um die Neugier, die Gier nach Neuem, bei Eros zu befriedigen.

Wer einen Partner hat, der statt fremdzugehen ab und zu onaniert und das auch zugibt, kann ihn ruhig fragen: »Was stellst du dir dabei vor?« Soll aber bitte nicht beleidigt sein, wenn die Antwort verweigert wird. Oder wenn sie nicht lautet: »Dich.«

Es fällt den meisten Menschen schwer, dem anderen den Freiraum seiner Fantasie zu lassen, gerade der sexuellen Fantasien. Sie halten es nicht aus, an diesem Geheimnis der Lust nicht beteiligt zu sein.

Was uns da drängt, den letzten weißen Fleck auf der Seelenlandkarte des anderen auszukundschaften, ist nicht Liebe. Es ist reines Machtgelüst.

Was ich kenne, beherrsche ich. Das ist zumindest die uns innewohnende Illusion. Und das Geheimnis ist das letzte Refugium, das es für machtlüsterne Menschen zu erobern und zu zerstören gilt. Deswegen ist ja die dreizehnte Kammer ein Tabu: Wer sich traut, sie trotz angedrohter Strafen zu öffnen, der hat keinen Bammel, der will es wissen. Dem ist es das Risiko wert. Anders gesagt: Das ist ein Mensch, der selber Macht hat und haben will, keiner, der sich beherrschen und also auch keiner, der sich benutzen läßt.

Das Geheimnis ist Herausforderung und Warnung.

Es ist sakrosankt und lockt zur Schändung. Und es ist schließlich die Basis für das, was unser Grundgesetz ›die Würde des Menschen‹ nennt und als unantastbar bezeichnet.

Nur ist es mit dieser Unantastbarkeit in unserem Land – in anderen Ländern noch viel weniger – nicht weit her.

In jedem Gefängnis, in jeder psychiatrischen Klinik

kann der Mensch bis hin zur Darmentleerung beobachtet werden. Unter dem Vorwand der Rationalisierung oder Verbrechensbekämpfung werden intime Daten veruntreut und private Verhältnisse überwachbar.

In Gerichtsprozessen wie dem Fall des Memminger Frauenarztes Theissen wird das auf den Tisch gezerrt, was das letzte Geheimnis jedes Menschen ist – sein Intimleben. Routinierte Gehirnwäscher in aller Diktatoren Länder waschen genau nach dieser bewährten Gebrauchsanweisung: Nimm einem Menschen sein intimstes Geheimnis weg, und schon ist er nichts mehr als ein Haufen marodes Fleisch, willenlos, zu allem zu gebrauchen und zu mißbrauchen.

Nicht nur die katholische Kirche nötigt ihre Mitglieder mit der Beichte zur Bloßlegung der Intimitäten – sogar der gedachten!

»Hab' ich unkeusche Gedanken mit Wohlgefallen in mir unterhalten«, heißt die Frage, die der Beichtspiegel zur Gewissenserforschung befiehlt.

Auch besser organisierte Sekten wenden diese unschlagbare Methode gerne an.

Nimm einem Menschen sein letztes Geheimnis weg, und er gehört dir.

Das Nachrichtenmagazin DER SPIEGEL berichtete im Januar 1994 (Ausgabe Nr. 1) von der Boston Church of Christ.

»Sie verspricht«, schrieb der SPIEGEL, »jungen Menschen Gemeinschaft und Geborgenheit. Wer sich verleiten läßt, gerät in ein rigides System von Erniedrigung und Unterwerfung. Sogar in die Partnerwahl mischt sich die Sekte ein.«

Jedes neue Mitglied bekommt einen Überwacher zugeteilt, einen sogenannten ›Discipler‹, der das

Opfer rund um die Uhr kontrolliert und vorschreibt, was der Neue anzieht, ißt, tut, unternimmt... und denkt. Das neue Opfer muß eine Liste aller begangenen Sünden aufstellen, zu denen zum Beispiel vorehelicher Geschlechtsverkehr und jede Art lüsterner, angeblich unmoralischer Gedanken gehören.

Die Mitglieder werden innerlich leergeräumt. Sie sind nur noch Gefäße, in die dann das Gedankengut der Sekte eingefüllt wird. »Gib deinen unabhängigen Geist auf«, heißt eines der ersten Gebote dieser Sekte.

Der Discipler legt fest, wer wen zum Partner nimmt und wie oft die beiden miteinander Geschlechtsverkehr haben dürfen. Indem jedem Mitglied der kleinste geistige Freiraum genommen wird, ja das letzte intime Eckchen, ist es voll und ganz ausgeliefert.

Und vor diesem Sich-ganz-und-gar-Ausliefern schreckt ein Mensch, der noch nicht gebrochen ist, zurück – sogar in einer ganz engen Beziehung. Vor dem Orgasmus haben die meisten Männer und Frauen einen ganz kleinen Sekundenbruchteil Angst.

Es ist die Angst, sich auszuliefern. Die Angst vor dem, was Psychologen ›Kontrollverlust‹ nennen.

Für den Mut, sich auf dem Höhepunkt der Lust aufzugeben, die Grenzen aufzulösen, werden wir mit höchster Lust belohnt. Gleichzeitig wissen wir, zumindest unbewußt, daß wir in diesem Moment auch so verletzbar sind wie sonst nie. Deswegen wiegt jede Bemerkung, die vor, beim oder direkt nach dem Liebesakt gemacht wird, so unendlich schwer. Sich entgrenzen macht verletzbar.

Sich zurückziehen in die uneinnehmbare Festung der inneren Vorstellungen macht stark.

»Ich will mir und den Menschen ein ewig Rätsel bleiben«, sagte der Bayernkönig Ludwig II.

Und lebte danach auch noch, als er entmachtet und observiert im luxuriösen Gefängnis vor sich hinvegetierte.

Das Geheimnis, mit dem er sich einhüllte als Ersatz für den Königsornat, konnte ihn nicht vor Entmündigung, aber vor Entwürdigung retten.

Da lag er, aufgedunsen und fett, aufgebahrt, und die Menschen bewunderten und beweinten ihn.

Sein Rätsel, sein Geheimnis gewahrt zu haben, macht den psychisch Schwerkranken bis heute zu einem Faszinosum, obwohl dieser Mann einen anderen umgebracht hat und als ein verlebtes Wrack starb.

Das System ist also in seinen Grundzügen einfach. Das persönliche Geheimnis ist eine mentale Intimsphäre. Ein Rückzugsgebiet, in dem ich neue Kraft tanken kann. Eine Insel, auf die ich mich retten kann vor denen, die mich verfolgen, bedrängen, quälen, erniedrigen.

Kein Wunder, daß auch intellektuelle Menschen es durchschauen und für ihre Zwecke benutzen und schlauerweise hinter ›Zwanglosigkeit‹ verstecken.

Der Zwang zum Bloßlegen, zum Offenlegen kam in der 68er Generation auf einmal ganz anders daher, in Jeans und T-Shirt. Und er setzte sich fest in den Universitäten und den Wohngemeinschaften, in anspruchsvollen Gesprächsrunden, Kommunen und Kleinfamilien.

Er nannte sich ›ausdiskutieren‹. Oder ›eine Sache hinterfragen‹. Und nachher ›festmachen‹.

Als dieses Vokabular in den 80ern endlich abgestanden wirkte, wurde das Ganze einfach neu angezogen. Da mußte jeder ›sich zugeben‹, zumindest ›ein Stück weit‹, da mußten wir unsere ›Betroffenheit‹ herausreden und andere zum Betroffensein nötigen.

»Schluck bloß nichts runter«, hieß im Namen der populär gewordenen Psychosomatik der allgemeine Ratschlag zur Krebsvorsorge. »Friß nichts in dich rein«, warnten Frauen und Männer aus kaputten Beziehungen andere, deren Beziehungen noch nicht kaputt waren.

Im Zeichen immer neuerer und besserer Müllkonzepte propagierte jeder Psycho-Autor ein eigenes Konzept zur Beseitigung seelischer Müllprobleme. Gemeinsam war allen die Devise: erstmal raus damit auf den partnerschaftlichen Teppichboden. Dann eine gewissenhafte Mülltrennung vornehmen, wertvolle Teile recyclen und den Rest rückstandsfrei entsorgen.

›Verklappen‹ nennen Verantwortliche es, wenn sie mit großem technischem Aufwand Dreck und Gift in Gewässer kippen.

Ähnlich funktionierte es in den Beziehungen: Probleme wurden ›verklappt‹. Das heißt, unter großem Gerede und zerstörerischen Bezichtigungen des anderen nur vermeintlich beseitigt, um prompt via Grundwasser wieder in die Beziehung einzudringen.

Steigende Scheidungsraten in Deutschland lassen sich natürlich interpretieren als Indiz der neuen Offenheit, Ehrlichkeit und Transparenz (siehe oben).

Anders gesagt: Als Beweise dafür, daß wir mehr Mut haben, unheilbar kranken Beziehungen die Todesspritze zu geben, anstatt sie mit allen Mitteln künstlich am Leben zu erhalten.

Sie ließen sich aber auch deuten als Warnsignal einer zunehmenden Unfähigkeit, in Gemeinschaft zu leben – der kleinsten möglichen Gemeinschaft, der Zweierbeziehung.

Und diese Krankheit wäre dann wirklich eine Krankheit zum Tode – zum Tod der Liebe.

DAS GEHEIMNIS DER DREIZEHNTEN KAMMER

oder:

*Warum erzählst du mir
das denn nicht?*

Sie hat einen schlecht bezahlten, anspruchsvollen Job, fünf Kinder ohne Haushaltshilfe.

Und einen Mann, der weniger verdient als sie. Aber sie ist schön und glücklich. Eine Frau, deren Ausstrahlung jeder spürt, als schiene ihm die Sonne auf den nackten Bauch.

Sie hilft Leuten, die sie nicht kennt, beim Sterben, indem sie mit ihnen redet, weil sie selber keine Angst hat vor dem Tod. Sie ist, auch wenn ihr so ein Wort peinlich ist, für viele eine Lichtgestalt.

Aber sie macht etwas, was die Kirche, deren Mitglied sie noch immer ist, als Lügen bezeichnet, als Sünde verdammt, ohne dabei im geringsten ein schlechtes Gewissen zu haben: sie hat Geheimnisse.

Seit Jahren und regelmäßig neue.

»Das Wort Geheimnis«, sagt sie, »hat für mich einen Zauber, einen Glanz, etwas vom Genuß des

Grenzüberschreitens, wie es mir die Märchen meiner Kindheit vermittelt haben.«

Eines ihrer Lieblingsmärchen war ›Marienkind‹. Ein bettelarmes Köhlerkind wird von der Muttergottes in Pflege genommen, darf im Himmel mit den Engeln spielen und alle Türen aufschließen – nur die berüchtigte dreizehnte nicht. Dieses oft verwendete Märchenmotiv hat sie schon immer fasziniert.

»Bei dem Wort Geheimnis sehe ich vor mir diese dreizehnte Tür. Schon wenn du den Schlüssel reinsteckst und sie nur einen Spaltbreit öffnest, dringt ein solcher Glanz aus den Fugen, daß du die Spuren nicht mehr abwischen kannst. Ein Glanz erwartet dich hinter dieser Tür, der vielleicht für viele nicht zu ertragen ist. Darum ist sie die verbotene Tür.«

Und nun hat sie für sich das Prinzip einfach umgedreht und hat in der verbotenen dreizehnten Kammer ihr Seelen-Reservat eingerichtet, so wie sie sich als Kind, ein Kind von sieben Kindern, in den Ruinen der zerbombten Stadt ein ›Lager‹ gebaut hatte, in dem sie sich's gemütlich machte, wo sie ungehemmt vor sich hin fantasieren konnte und sich nur vor einem hüten mußte: erwischt zu werden und alles zu verraten.

»Bei uns daheim wurde alles geteilt, und erst recht etwas Besonderes wie eine Tafel Schokolade. Wenn ich mal eine geschenkt bekommen oder von meinem eigenen Geld gekauft hatte und dann alleine aufaß, wurde ich das schlechte Gewissen jahrelang nicht los.«

Und so, wie sie sich damals, um ihre Träume, ihre Sehnsüchte, ihre Freuden vor dem erzwungenen Aufteilen zu retten, ihr geheimes Refugium in den Trümmern gebastelt hatte, hütet sie nun ihre Geheimnisse:

34

in einer für die *anderen* nicht betretbaren Kammer, deren Tür sie keinem öffnet.

»Meine Geheimnisse liegen hinter dieser Tür. Und weil ich sie nicht teilen möchte und befürchte, andere könnten sie gar nicht ertragen, halte ich sie verschlossen.«

Sie, die jeder, der ihr begegnet, als Inkarnation der Offenheit empfindet, verschließt etwas Kostbares, ihr Wichtiges. Was denn alles?

»Beziehungen, die nicht erlaubt sind, Überraschungen, die der Intuition entspringen, Menschen, die ich vielleicht irgendwann, vielleicht auch nie mehr wiedersehe.«

Als ihr Lieblingsgeheimnis bezeichnet sie den Seitensprung. Aber das ist nicht, was sich angstvolle Ehemänner darunter vorstellen: sie im Bett mit einem Lover. Es ist der Sprung an die Seite der Autobahn, auf der sie brav und gradlinig rollen sollte.

»An einem ganz normalen Arbeitstag mache ich mich am Morgen auf zu meiner Arbeit, sage ganz normal ›Auf Wiedersehen‹ und trete aus dem Haus. Ich schnuppere in die Luft, blinzle in den herrlich blauen Himmel und fange an, wie eine Wunderkerze zu funken. Und da weiß ich: Heute gehe ich vom Wege ab.«

Das, wofür die Kinder im Märchen bestraft werden, hat ihr schon von jeher imponiert.

»Ich habe das Rotkäppchen dafür geliebt, daß es den bunten Blumen nicht widerstehen konnte, je weiter weg vom geraden Weg, je näher die Gefahr, desto weniger.«

Genauso weiß sie, daß sie am Arbeitsplatz erwartet wird. Aber als Freiberufliche, die auch Außendienst leisten muß, kann sie ihre Zeit einteilen, wie es ihr paßt, und das Geheimnis kaschieren mit irgendwelchen Pflichten.

»Ich fahre aufs Land, auf Dörfer, schau mir Kirchen an, geh' in Krämerläden, spreche mit den Leuten, kaufe mir ein Picknick und ess' es auf der Wiese. Oder ich fahre mit dem Zug in die nächste Stadt, atme ihre Luft, ihr Stadtbild, ihre Atmosphäre ein. Und wenn ich abends heimkomme und mein Mann und meine Kinder fragen: ›Wie war's?‹, dann sage ich: ›Normal‹.«

Sie weiß es nicht, aber sie ahnt es wahrscheinlich, daß sie ihre Ausstrahlung, ihre Schönheit nährt mit diesem Glücksvorrat, der sich Geheimnis nennt und von den meisten Moralisten verteufelt wird, weil er mit niemandem geteilt wird und weil er in gewissem Maß unabhängig macht.

Genau das läßt sie, läßt jeden Menschen, der das hat, begehrenswert erscheinen.

Perfektion heißt das Wort, das alle Spannung auflöst, alle Geheimnisse einebnet. Perfektion ist das Todesurteil der Neugier und der Fantasie. Ein Mensch, von dem ich wirklich alles weiß, interessiert mich nicht mehr. Trotzdem gilt unser Streben irrsinnigerweise in jeder Zweierbeziehung dem mehr oder weniger indezenten Auskundschaften.

Wo warst du denn gestern mittag?

Was denkst du denn jetzt gerade?

Was verschweigst du mir?

Das sind ebenso natürliche wie dumme Reaktionen auf die Tatsache, daß ein Mensch, den ich von außen und innen zu kennen glaube, plötzlich einen anderen Blick bekommt, einen unbekannten Gesichtsausdruck.

Glücklich die, die das genießen können.

1953 erschien ein schmaler Band mit Anekdoten

von dem Dichter und genialen Übersetzer Manfred Hausmann. ›Martin‹ hieß das kleine Buch mit scheinbar belanglosen Miniaturen über seinen Sohn und den Rest der Familie.

Das Büchlein wurde in den nach Zärtlichkeit und Geborgenheit hungrigen Familien der Nachkriegszeit ein Renner. Auch wenn uns manches darin heute etwas sentimental verklärt zu sein scheint: Eine der kleinen Geschichten beweist ganz deutlich, daß es vor der Generation der gnadenlosen Ausdiskutierer noch Menschen gab, die das Geheimnis als zauberhaft und unantastbar erleben konnten.

»Er setzt der Mutter einen Helm aus Zeitungspapier auf«, heißt die Skizze eines glücklichen Augenblicks.

Martins Papierhelm landet auf Vaters Kopf, die Mutter schaut nachdenklich, und er fragt sie, warum sie auf einmal so still sei.

»Eben«, sagt sie, »wie du den Hut aufhattest, warst du einen Augenblick ein anderer, nein, nicht ein anderer, ein neuer. Du warst noch du, und warst mir doch so seltsam unbekannt. Es ging mir so süß und innig durchs Blut, wie ich dich so sah.«

Und der Ehemann, mit dem sie zu diesem Zeitpunkt schon vier Kinder hat, versteht sie. »Mit dir erlebe ich das doch jeden Tag (...). Vorhin, zum Beispiel, als du mit dem Arm voll Wäsche die Treppe herunterkamst und über etwas nachdachtest und nicht wußtest, daß ich unten auf der Diele stand und dich beobachtete. Oder gestern, als du so ernsthaft mit dem Bauern aus Westerwede sprachst, der den Torf brachte. Oder wenn du morgens aufwachst und so wirr und fremd um dich blickst. Oder wenn du auf der Schaukel sitzt und vor dich hin singst ... immer wieder erscheint etwas Neues und Unbekanntes an dir, das mich beglückt. Ich frage mich dann wohl, ob dies wunderliche Menschenkind allen Ernstes meine Frau ist, mit der ich nun schon fast vierzehn Jahre verheiratet bin.«

Sie gesteht, daß sie das gerne höre. Und er sagt: »Ob es dann nicht zerstört wird, wenn man darüber spricht?«

Und sie versteht, was er meint, will aber trotzdem nicht verzichten auf dieses Kompliment, wandelbar zu sein, nie langweilig, immer wieder neu, das er ihr eben versehentlich gemacht hat.

»Man darf nicht darüber sprechen, und man müßte es doch wissen, es täte manchmal so gut, es zu wissen.«

Da tritt er an zur Rettung des Geheimnisses: »Siehst du, ich weiß es von dir, dies Verzauberte und Beglückende, und du weißt es von mir, und wenn wir uns lieben, in den tiefsten Augenblicken unserer Zuneigung, weiß es ein jeder vielleicht auch geheimnisvoll von sich selbst, der eine im andern.«

Und dann setzt Martin der Mutter den Helm auf. Und der Mann ihr gegenüber, angeblich ihr Ehemann, sieht sie wieder ganz eigenartig an.

»Was ist?« fragt sie.

Aber er schüttelt nur den Kopf und lächelt sie an.

Die Ehe von Manfred und Isabel Hausmann war ein Leben lang glücklich und liebevoll und trotz Zoff, Not und Streß zärtlich bis zum Ende.

Vielleicht, weil beide sich ihr Geheimnis nicht nur zugestanden, anstandshalber zugebilligt haben wie einem Hund den Freilauf an der langen Kette. Sondern weil sie es genossen haben, den anderen nicht zu kennen.

Etwas, was mir ganz und gar gehört, was ich besitze, zu deutsch: wo ich draufsitzen kann wie auf einem Fernseh-Sessel, das hat nichts Aufregendes mehr. Es ist benutzbar und berechenbar, basta.

Geistig und seelisch ein Leben lang in Bewegung zu bleiben, wünschen sich viele Menschen.

Manche verwechseln diese innere mit einer äußeren Bewegung. Sie sind fiebrig auf der Jagd nach neuen Erlebnissen und Menschen. Der Don Juanismus – den es ja auch bei Frauen gibt – ist das bekannteste Symptom dieser Sehnsucht, nie ganz anzukommen. Oder zumindest bei Ankunft gleich wieder aufzubrechen.

Stagnation ist Tod – das ist sicher wahr. Das Starrwerden, das Vertrocknen und Verholzen ist in der Philosophie der Chinesen Sinnbild des Absterbens und Sterbens.

Vital ist ein Ast, der sich apfelschwer nach unten biegt, ein Halm, der sich im Wind bewegt.

Aber in Bewegung hält uns Menschen gerade das Ungewisse. Und das liegt meistens mitten im scheinbar Vertrauten. In dem Blick des Menschen, den ich seit Jahren zu kennen glaube.

In seinem Lächeln, das einen Rest Geheimnis trägt.

Nur: So ein Geheimnis in sich zu tragen, das nicht belastet, sondern beglückt, selbst wenn es eigentlich traurig ist – das kann nicht jeder.

Noch weniger Menschen können dem anderen das Geheimnis lassen.

Die schöne Mutter, von der vorher die Rede war, sagt: »Mein Mann hat das Bedürfnis, mich mit Haut und Haar zu besitzen, mich zu beschützen, mir alles zu bieten. Er ist immer für mich da und will alles Schöne mit mir teilen. Schon am Anfang unserer Ehe spürte ich Magengeschwüre in mir wachsen, wenn er mir irgendeinen Vorschlag machte und sagte: ›Das wird dir guttun.‹ Es hat viele Jahre gebraucht, bis er mich, ohne sich gekränkt zu fühlen, ließ.«

Sie weiß, daß es ihre Glücksgefühle zerstören würde, wenn sie sie mit ihm beredete;

daß ihre Erlebnisse zusammenschrumpften zu Banalitäten, wenn sie sie ihm beschriebe:

daß er es nie verstünde und das Ausdiskutieren alles entzaubern würde, was ihr Kraft, Energie, Ausstrahlung und Schönheit gibt.

Davon gibt sie ja ab. Davon profitieren ja die anderen – also haben die indirekt teil an ihrem Geheimnis.

»Aber laß uns bloß nicht drüber reden«, sagt sie ihrem Mann.

DIE
SCHAMGRENZE

oder:

*Wieso gestehst du mir nicht
einfach mal alles?*

Als Kinder konnten wir das fast alle.

Uns in eine Gardine wickeln, unter eine Decke verkriechen, irgendwo verstecken und insgeheim lautlose böse Verwünschungen gegen alle ausstoßen, die uns geärgert, gekränkt, bestraft hatten und denen gegenüber wir uns machtlos fühlten.

Wenn ich groß bin, bring' ich die um. Wenn ich stark genug bin, schlag' ich zurück. Denen sag' ich nie wieder was, und wenn ich Millionen gewinne.

Auch so ein kleines Rachegeheimnis macht stark.

Es ist ein Reservat, in das niemand eindringen darf.

Und wer es doch tut, indem er mich zwingt, drüber zu reden, lockt alle Aggression aus mir heraus. Die Wut ist die letzte Gegenwehr des Entblößten.

Das klingt so harmlos, so hilfsbereit und souverän: »Laß uns eben mal in Ruhe drüber reden.«

Es funktioniert aber nur, wenn beide gleich weit die Deckung verlassen, sich gleichweit vorwagen. Und zwar nur so weit, wie sie sich noch wohl fühlen. Es funktioniert nicht, wenn einer den anderen ausziehen will und selber in voller Montur auf seinem sicheren Standpunkt stehenbleibt.

Der eine gibt immer mehr her und gibt immer mehr preis, der andere sammelt Material. Er kassiert die Geheimnisse des anderen ein und bekommt damit Macht über ihn. Eine beiderseitige Beichte gibt es daher in keiner Glaubensgemeinschaft: die Beichte ist immer einseitig. Und der Stärkere ist der, der sie abnimmt.

In einem schwäbischen Witz, einem sogenannten Gogen-Witz (Gogen sind die als besonders deftig beleumundeten Weinbauern um Tübingen), wird dieser Mechanismus wunderbar geschildert.

Das Gogen-Ehepaar ist auf dem Feld, mitten in der Arbeit, und merkt gar nicht, daß ein schlimmes Gewitter aufzieht. Als sie es mitkriegen, steht die apokalyptische Wolkenwand direkt vor ihnen, und beide glauben, ihr letztes Stündlein habe geschlagen.

Also kauern sie sich zueinander und beschließen, zu beichten. Sie kriegt ihn dazu, anzufangen. Brav gesteht er ihr, daß er mit der Nachbarsbäuerin gesündigt hat, die dralle Magd verzupft hat und andere Sündenfälle mehr. Sie hört aufmerksam zu und merkt sich alles. Da seufzt er tief auf und sagt: »Des war's. Jetz bisch du dro.« Und sie: »Leck mi am Arsch, do hinde kommd's heller.«

Nicht, daß prinzipiell Geständnisse schlecht wären, im Gegenteil: in einer sehr engen Beziehung sind sie notwendiger als alles andere für die seelische Hygiene, denn sonst ist irgendwann mal der Abfluß verstopft, und die cloaca maxima ergießt sich um so verheerender in die Idylle. Aber wenn einer vom anderen Geständnisse erpreßt und selber keine macht, obwohl er genausoviel zu gestehen hätte, wird's kritisch.

Die Binsenweisheit, in jeder Beziehung gebe es einen Stärkeren und einen Schwächeren, hat dazu geführt, daß wir eine Partnerschaft als Machtspiel betrachten, als einen dauernden Kampf dagegen, daß der andere übermächtig werden könnte, und ich selber der Schwächere sei. Also praktizieren wir das, was zumindest kluge Menschen in der Politik verachten: ein Gleichgewicht des Schreckens. Man hält sich jemanden im Hintergrund, jemanden auf der Reservebank, der jederzeit als Sekundant bereitsteht.

Das hindert – wie in der Politik – an der wirklichen Verständigung und ist das Gegenteil von Liebe, von Hingabe. Aber es ist verständlich aus der immer größer werdenden Angst in uns allen, einsam zu sein.

Weil wir natürlich wie in der Politik rauskriegen wollen, wieviel Munition der andere bereithält, explorieren wir mit Schläue und Kalkül. Und reden möglichst viel, in der Meinung, das schweiße zusammen.

Wenn es darum geht, redenderweise ein gemeinsames Weltbild zu bauen, stimmt das auch. Festzustellen, was verbindet, gemeinsame Geheimnisse, Vorlieben (auch sexuelle), Spezialitäten, Wunschträume zu finden, das ist wie Orgasmus im Kopf: für das Risiko des Mich-Öffnens werde ich durch die Lust mit dem Partner belohnt. Aber wenn es beim Reden gar nicht ums Verstehenwollen geht, wenn das nur ein Auskundschaften im Tarnanzug der Verständnisbereitschaft ist, dann geht es gewaltig schief – und bringt statt Einsicht nur Zoff.

Denn irgendwann merkt der andere, daß es kein Freund mehr ist, der da fragt, sondern ein als Freund kostümierter Feind. Damit ist dann der Zwei-Fronten-Krieg eröffnet. Das Wortgefecht beginnt und findet kein Ende mehr. Annäherungen werden, wie uns der Bosnien-Konflikt beweist, immer unwahrscheinlicher, je länger und zäher debattiert wird.

Die Illusion, sich durch langes Reden näherzukommen, verdanken wir bedeutenden Philosophen, deren Dialoge immer zu einer Erkenntnis führen.

Das ist kein Wunder, weil es nur innere Dialoge sind, die der Autor mit sich selber hält, und wo deswegen beide Disputanten von vornherein denselben Zielpunkt haben. Anders gesagt: Solche philosophischen Dialoge sind Annäherungen eines Menschen an sich selber und an sein gedankliches Konzept, an seine Idee, seinen Weltentwurf. Selbstfindung, wie sich so etwas heute nennt.

Dieser innere Dialog ist allerdings eine Leistung, die uns im allgemeinen schwerfällt. Sich selber zu widersprechen, kostet nun mal Überwindung.

Aber es bringt bereits Erleichterung, mit einem inneren Monolog anzufangen und sich – wie damals als Kind – hinter der Gardine etwas von der Seele zu schimpfen. Ganz drastisch und hemmungslos.

Und eben nicht drüber zu reden, daß ich den anderen am liebsten umbrächte, erwürgen könnte oder ähnlich unfreundliche Dinge mit ihm anstellen wollte.

Wenn ich da in mich reinsage: »Ich hasse dich, ich hasse dich, ich hasse dich«, und mir dabei zuhöre, höre ich mit jedem Satz meine eigene Lächerlichkeit immer lauter und ziehe die ja nicht offiziell gewordene Anklage stillschweigend wieder zurück.

Ist es aber raus, hat es der andere gehört, ist das Ganze nicht mehr aufzuhalten: die Anklage ist manifest.

Es gibt Sätze, einmal gesprochen, und Vorwürfe, einmal gefallen, die jegliche Liebe abtöten.

Wiederbelebungsversuche absolut sinnlos.

Da hilft es eben nicht mehr, zu sagen: Das tut mir leid. Ich nehme es zurück:

»Du bist eine Nutte«.

»Du bist ein Versager.«

»Du bist abgrundtief schlecht.«

»Du bist ja impotent.«

»Ich werde dich ab heute nur noch belügen und betrügen, weil du's nicht anders verdienst.«

»Ich wünsche dir Aids an den Hals.«

Solche verhängnisvollen Sätze stehen meist am Ende einer endlosen, sinnlosen, kräfteverzehrenden Diskussion, in der einer von beiden oder alle beide ihre ganz normale Alltags-Aggression loswerden wollten, die hinter jeder Kurzgardine Platz gehabt hätte.

Aber weil wir alle brav gelernt haben, man kotze Seelenmüll nicht heimlich aus, sondern immer mitten auf den gemeinsamen Tisch, macht das keiner mehr.

Unsere Vorstellung von Liebe hat aber, ganz egal, wie alt wir sind und wie modern, nach wie vor mit Romantik zu tun.

Das ist unpraktisch, vielleicht auch unvernünftig, aber es ist unabänderlich.

Was bringt ihm die Neue schon, was ich nicht hätte, fragt die sitzengelassene Frau.

Was kann ihr der Typ schon bieten, was ich ihr nicht bieten könnte, fragt sich der behumste Gatte, angesichts eines Nebenbuhlers.

Ganz einfach: der neue Liebhaber und die neue Liebhaberin bringen endlich wieder Romantik ins

Leben. Fragt sich natürlich wie lange. Aber diese Frage stellt sich nur der nicht Verliebte.

»Mich neu zu verlieben«, davon träumen in Deutschland laut Meinungsumfragen fast alle Männer und Frauen (es entfallen die, die zum Zeitpunkt der Befragung frisch verliebt sind). Nicht »zu lieben«, sondern »sich zu verlieben«, also diese rosig rauschige Phase zu erleben – das ist es, wonach wir uns ein Leben lang sehnen.

Romantik ist nur dummerweise eine wenig belastbare Pflanze; sie ist äußerst witterungsanfällig.

Romantik gedeiht wie jede Pflanze, wenn die Atmosphäre stimmt und sie mit einer Zärtlichkeit ohne Worte gegossen wird.

Aber sie geht rasend schnell ein im sauren Dauerregen endloser Diskussionen.

TÖDLICHER PERFEKTIONSWAHN

oder:

Und was machen wir jetzt?

»Ein perfektes Paar«, heißt es im Bekanntenkreis.

Beide wissen alles übereinander, reden über alles miteinander. Sie perfektionieren ihre Körper in demselben Fitness-Center und ihre Karriere nach demselben Strickmuster. Alles, was nicht perfekt ist, wird mit der Gründlichkeit ausgemerzt, mit dem ergrimmte Hobbygärtner resistentem Unkraut zuleibe rücken.

Sie lesen Bücher über Partnerschaft und kehren nie den Dreck unters Sofa.

Die Kinder kommen. Alle hübsch, gesund und intelligent und vor allem perfekt erzogen.

Die Kinderzimmer werden so perfekt ausgestattet wie die der Eltern oder das Innere des perfekt gepflegten Autos. Die Schulden fürs Haus sind abbezahlt, keiner geht fremd, beide haben Erfolg. Ein perfektes Paar im perfekten Glück.

Und dann plötzlich ist es aus. Der Freundeskreis

des perfekten Paars zerfällt in zwei Teile: in einem schimpft sie unflätig über ihn, packt wochenlang so viel Übles aus, daß allen schon davon schlecht ist. Und im anderen Teil praktiziert er das gleiche mit umgekehrten Vorzeichen.

Was ist da passiert?

War alles nur ein einziges Betrugsmanöver, was da wie Liebe aussah?

Wer ist schuld an diesem Scherbenhaufen?

Schuld ist nur einer: der partnerschaftliche Perfektionswahn.

Kaum etwas hat die 80er Jahre so geprägt wie diese Krankheit. Perfekt und komplett mußte alles sein. Die Lexikonreihe so vollständig wie die Einbauküche und die Gläserserie oder die Videothek.

Die Devise hieß: Glück ist, wenn nichts mehr fehlt. Gar nichts mehr.

Und wenn alles absolut keimfrei ist.

In einer Verarschung zahlloser Werbespots putzt Otto Waalkes im Hausfrauen-Look eine Küche. Schrubbt, wischt, saugt, poliert und desinfiziert. Aber die Stimme aus dem Off mahnt: »Es ist sauber, aber noch nicht rein.« Otto schrubbt, wischt, saugt, poliert und desinfiziert weiter. Die Stimme mahnt weiter.

Bis Otto endlich kapiert: Er ist die letzte Verunreinigung im Raum, ein einziger großer bakterienverseuchter störender Haufen Leben.

Er entfernt sich, blickt von außen in die Küche und hört die erlösenden Worte. »Jetzt ist alles rein.«

Ähnlich funktioniert es in so einer perfekten Beziehung. Beide desinfizieren das Leben aus ihrem Dasein so gründlich raus.

»Eine Orgie muß schmutzig sein«, heißt es schon bei Asterix und Obelix.

Und Liebe kann und darf genausowenig keimfrei sein. Aber es gibt da diesen Zwang, immer weiter zu putzen. Das letzte dunkle Winkelchen im anderen noch auszuwischen (denn zugrunde liegt ja die Vorstellung, das Unbekannte sei unrein und schmutzig). Alles über den anderen wissen, dann kann nirgendwo mehr ein Bazillus lauern.

Und kurz bevor das allerletzte, schwer erreichbare Winkelchen ausgeräumt ist, passiert es.

Weil irgendwann einer von beiden sich plötzlich genötigt sieht, sein letztes Geheimnis aufzugeben (obwohl er immer vorgab, keines zu haben).

Und da befällt ihn Panik. Bis hierher und nicht weiter – für diesen Satz ist es jetzt zu spät. Denn der andere, gewohnt jederzeit offenen Zutritt zu haben und Stück für Stück das Innerste des Partners zu erforschen, versteht nicht, warum da plötzlich eine Kette mit Verbotsschild hängt: Er steigt einfach drüber, weil das ja ein Irrtum sein muß. Aber der, um dessen Innerstes es geht, verteidigt diese letzte Parzelle seiner Seele, die nur ihm gehört hat, mit einer unerhörten Gewalt, die nur noch verwüstet. Und mit einem tödlichen Ernst, auf dem nichts mehr wachsen kann, gar nichts mehr.

Nicht einmal der leiseste Versöhnungsversuch.

Gerhard Polt hat auf die FAZ-Frage nach dem größten Unglück wenig ernst geantwortet: »Die Erfindung der Friteuse.«

Und auf die nach vollkommenem Glück ganz ernsthaft: »Immer, wenn es irdisch und unvollkommen ist.«

Gerhard Polt wäre auch als Eheberater ein Glücksfall.

DIE BESTE GELEGENHEIT

oder:

Du bildest dir wohl ein,
du wärst im Recht!

Wie Streiten geht, haben uns schon viele erklärt. Und es gibt noch mehr, die es uns zeigen wollen – in gutbezahlten Kursen und unbezahlbaren Coachings. So richtig konstruktiv und produktiv, besonnen, gelassen und reif wie ein gut gelagerter Camembert.

Hier läßt sich auch lernen, wie Argumente klug formuliert und verpackt werden, in einer gewissen Freundlichkeit, die abpuffert wie ein wattiertes Couvert. Aber die ganze gut trainierte, wohlerzogene Streiterei funktioniert nur dann, wenn die Köpfe kühl sind und das Herz gar nicht beteiligt ist.

Solche Streit-Coachings bringen vielleicht Unternehmern etwas oder Politikern. Privat sind diese kostspieligen Ratschläge leider nicht verwendbar. Oder sagen wir: Gott sei Dank nicht verwendbar. Denn dort spielen eben Emotionen heftig mit – und zwar in den Hauptrollen.

Ewig sind wir einem Menschen dankbar, der uns

klammheimlich geholfen hat, einen Faux Pas wegzumogeln. Den Pfirsichfleck auf dem Sonntagskleid, den Fettfleck im Schulheft. Jemand, der uns mal gezeigt hat, wie und wo wir schummeln und improvisieren können, um eine Situation gerade noch zu retten oder eine Sache doch noch hinbiegen zu können, bekommt einen privaten Heiligenschein.

Meine Schwester, die mir in einer Nacht- und Nebelaktion das angeblich ordentlich geführte Erdkundeheft nachschrieb, mein Vater, der mir geholfen hat, Uhu vom Rock zu entfernen, weil ich wieder mal ohne die anbefohlene Schürze gebastelt hatte, meine Freundin, die meine verkorkste Socke für den Handarbeitsunterricht noch gerettet hat, meine Mutter, die mir einen Entschuldigungsbrief schrieb, weil ich nicht auf die Mathearbeit gelernt hatte, mein Freund, der mir ans Schienbein trat, bevor ich aus Versehen die Freundin verraten hätte. Und das alles, ohne sich damit zu rühmen. Stillschweigend.

Beim Streiten wäre es ähnlich: wer mir helfen würde, mich nicht zu vergaloppieren und noch die Kurve zu kratzen, bevor ich so biestig werde, wie ich eigentlich nie mehr sein wollte, und der sich dabei nicht als der Souveräne, Überlegene aufspielte, dem wäre ich wahrhaftig dankbar.

Zeig mir den Notausgang, denken viele beim Streiten, bevor es zu spät ist und wir beide gefangen sind im Käfig unserer Aggressionen. Das ist zwar nicht grandios, aber effektiv.

Spektakuläre Hilfeleistungen, medaillenträchtig und edel, brauchen wir viel seltener als diese kleinen.

Nichts anderes soll dieses Buch: Es bringt keine Grundsatz-Theorien, wie ich entnervende Diskussionen rhetorisch meisterlich gestalte. Es bringt auch keine Rezepte, gar nicht erst anzufangen – das wäre nämlich illusorisch –, sondern nur Ideen dazu, wann und wie ich rechtzeitig aufhören kann.

Sollte ein Leser bei einigen der Vorschläge den nötigen Ernst vermissen, hat er völlig recht. Und sollte sich ein Leser fragen, ob die Autorin sich selber, wie das heute heißt, in dieses Buch ›eingebracht‹ habe, sei ihm verraten: von ihr steckt überall ein bißchen drin. Und sie ist bereits darüber aufgeklärt, daß alles gegen sie verwendet werden kann.

FRÜHSTÜCKS-DEBATTE

oder:

*Wie schaffe ich es schon am
Samstagmorgen, das ganze Wochenende
zu versauen?*

Bei der Frühstücksdebatte geht es natürlich nicht um das Frühstück.

In einer modernen Zweierbeziehung ist das Frühstück als solches nämlich von realem Konfliktstoff längst befreit. Erstens essen beide fast nichts, und zweitens gibt es alles vorgefertigt. Aufbackbares im Dauervorrat erspart Diskussionen übers Semmelholen, die fertige Müslimischung die Vitamindebatte, der Joghurt in persönlichen Geschmacksrichtungen die Gewissensfrage, ob Zabaione-Joghurt pervers sei oder nicht. Es geht also nur darum, wer wann was auf den Tisch stellt. Auch das große Beharrungsvermögen der meisten Menschen, was das morgendliche Getränk angeht – ein Teetrinker bleibt nun einmal ein Teetrinker und ein Kaffeetrinker ein Kaffetrinker –, bietet eigentlich keinen Anlaß zu Grundsatzdiskussionen, denn jeder Kaffeeautomat kann vor sich hintropfen, während nebendran von Hand die Darjeelingblätter überbrüht werden. Aber diese pragmatische Koexistenz ist ebenso naheliegend wie selten. Im Gegenteil: der Normalfall sieht so aus, daß ein Partner konvertiert. Und seinen Verzicht auf das morgendliche menschliche Grundrecht, zu trinken, was einem schmeckt und guttut, hütet er als einen besonders effektvollen Konfliktstoff nahezu zärtlich.

Ein ganz normaler Samstagmorgen. Um genau zu sein: der eines verkaufsoffenen Samstags, der eigentlich entspannend auf das Konsumverhalten wirken soll, meistens aber den gegenteiligen Effekt hat, weil er zur Planung von Großprogrammen verleitet, die nicht zu bewältigen sind. Zuerst Lebensmitteleinkäufe, dann Getränke-, dann Baumarkt sind geplant; abends steht eine Einladung an (Blumen!), auf die er Lust hat, sie nicht. (Das Ganze läßt sich natürlich genauso mit vertauschten Rollen durchspielen.)

Es gibt wie immer Tee. Er, Kaffetrinker a.D., normalerweise der Zweitaufsteher, entschließt sich, während sie im Bad ist, bereits den Tee aufzugießen, weil er zwischen den Einkäufen und dem Umziehen zum Weggehen gerne noch eine erotische Einlage unterbrächte. Er will mit seiner Aktivität also nichts anderes, als Zeit sparen und gleichzeitig ihre Stimmung aufhellen, um sie doch noch in Partybereitschaft für den Abend zu bringen.

Sie kommt aus dem Bad.
Sie: Was, du hast schon den Tee aufgegossen?
Er: Ja. Warum?
Sie: Machst du doch sonst nie.
Er: Gut, aber heute.
Sie: Ob das gut ist, werden wir noch sehen. ★
Er: Also komm, das ist ja wirklich keine Kunst, einen

halben Liter kochendes Wasser über ein paar Blätter kippen.

Sie: Aha, das verstehst du also unter Teemachen. Sie trinkt.

Er: Na und?

Sie: Ich sag lieber nichts.

Er: Ich finde, der schmeckt wie immer.

Sie: Du bist ja auch ein Kaffeetrinker.

Er: Ich *war* ein Kaffeetrinker. Mittlerweile muß ich ja dieses aromatisierte Zeugs trinken, was schmeckt wie aufgelöste saure Drops. Dieses esoterische Weiberzeugs. ★★

Sie: Das ist nichts Aromatisiertes, das ist ein Earl Grey.

Er (nimmt die Teetüte und liest vor): ...aromatisiert mit dem feinen Öl der Bergamottebirne...

Sie: ...aber das ist kein künstliches Aroma.

Er: Das hab' ich ja nicht behauptet.

Sie: Doch.

Er: Nein.

Sie: Aber du hast es *gemeint*.

Er: Also – schmeckt dir der Tee, den ich gemacht hab' oder nicht?

Sie: Ich habe gesagt, daß ich lieber nichts sage.

Er: Das heißt, er schmeckt dir nicht.

Sie: Wenn Du's genau wissen willst: ja.

Er: Das hättest du ja auch für dich behalten können. Es ist ja schließlich eine Geste.

Sie: DU wolltest es unbedingt wissen.

Er: Ich?

Sie: Ja. Ich hab' gesagt, ich sag' nichts.

Er: Ja, nur *wie* du das gesagt hast.

Sie: Also in Zukunft mach' ich wieder den Tee, und fertig, okay?

Er (pampig): Oder wir trinken jetzt mal zwei Jahre lang Kaffee.

Sie: Wieso denn *das?*

Er: Zwei Jahre hab' ich für dich auf den Kaffee verzichtet, jetzt könntest du ...

Sie: Was heißt da verzichtet. Du behauptest ständig, das bekomme dir viel besser.

Er: Gut, wenn jemand anderer dabei ist.

Sie: Also du lügst.

Er: Nein, ich lüge nicht. Aber ich will nicht vor anderen so tun, als hättest du mich gezwungen, meinen Kaffee aufzugeben.

Sie: Wie rührend von dir.

Er: Die Ironie kannst du dir sparen. Immerhin habe ich auf etwas verzichtet, was ich früher immer hatte.

Sie: Ja, ich weiß. Bei ihr war alles besser. Warum gehst du eigentlich nicht zu ihr zurück? ★★★

Er: Wenn du so keifst wie jetzt, wäre das wirklich eine Überlegung wert.

Sie: Ich habe das Gefühl, wir sollten da mal einiges gründlich durchdenken.

Er: So, was denn?

Sie: Nicht jetzt.

Er: Warum fängst du denn damit an?

Sie: Ich hab' doch nicht damit angefangen.

Er: Siehst du, das zum Beispiel, das ist ein Problem, das hatte ich mit *ihr* nie.

Sie: Klar, weil sie immer bewundernd an deinen Lippen hing.

Er: Ja und?

Sie: Spricht eben nicht grade für übermäßige Kritikfähigkeit.

Er: Meinst du denn, die macht dich so unwiderstehlich?

Sie: Nein, aber ich kann sie mir leisten, weil ich finan-
ziell von dir nicht abhängig bin.
Er: Was hat sie dir eigentlich getan, daß du ständig
gegen sie giftest.
Sie: Gegen wen?
Er: Gegen sie. Vermutlich macht es dich wütend, daß
sie heute abend auch auf der Party eingeladen ist.

An diesem Punkt blenden wir uns aus der Unterhaltung aus.

Zum weiteren Verlauf: Die Lebensmitteleinkäufe
erledigt sie alleine, den Baumarkt er, für den Geträn-
kemarkt bleibt keine Zeit mehr. Nach einem erneuten
wortlosen Aufeinanderprallen geht er alleine zu der
Einladung, und sie bleibt zu Hause. Er kommt gegen
zwei Uhr angetrunken heim, sie liegt wütend im Bett,
weil sie während des langweiligen Films (der, wovon
kein Wort im TV-Programm stand, auch noch schreck-
lich ausging) so viel Chips und Nüsse in sich reinge-
stopft hat, daß die Waage morgen ein Kilo mehr zeigen wird. Damit steht auch der Start in den Sonntag
unter keinem gerade rosigen Stern (beginnt damit,
daß aus Wut keiner das Frühstück machen will). Das
Problem bei der ganzen Streiterei ist ja nicht, daß sie
anfing. Sondern warum sie anfing und dann diesen
Verlauf nahm. Anders gesagt: wie es vom Teekochen
zur ihrer Vorgängerin kam.

An den mit Sternchen markierten Stellen wäre das
Ganze zu unterbrechen gewesen und damit das Wochenende zu retten.

Und zwar ungefähr so.

★ Dieser Satz ist ein deutliches Signal für ihre
Aggressionsbereitschaft. Grund: mit ziemlicher Si-

cherheit die Tatsache, daß irgendwelche gemeinsamen Freunde die Vorgängerin miteinladen, zu der sie kein entspanntes Verhältnis hat. Das ist zu allem Unglück ein Problem, das wenig Verständnis findet. Daß ein Mann oder eine Frau auf den Nachfolger/die Nachfolgerin beim Ehemaligen eifersüchtig ist, das ist leicht nachvollziehbar. Aber die eigentlich irrationale Eifersucht auf die Vorgängerin/den Vorgänger ist mindestens genauso häufig. Vor allem bei Menschen mit wackeligem Selbstbewußtsein. Hätschelt der Partner dieses nicht mit regelmäßig verabreichten Bestätigungszuckerl, entwickeln solche Menschen Aggressionen gegen jede beliebige Person aus der Vergangenheit des anderen.

Bekannt war das Phänomen schon in der Antike, wie die Geschichte von Athamas, König von Theben, beweist: Ehefrau Nr. 2 haßte stellvertretend für Ehefrau Nr. 1 die Kinder aus erster Ehe (geschieden). Und zwar so sehr, daß sie einen Orakelspruch fälschte, demzufolge eines dieser Kinder geopfert werden sollte, um Unheil zu verhüten.

Auch bei diesem Frühstück erwartet die Frau, daß ihr ein Opfer gebracht wird. Zum Beweis dafür, daß er nun ihr gehört: sie will, daß er klein beigibt und auf den Abend verzichtet, an dem die Ehemalige anwesend ist. Er durchschaut das natürlich, umgeht das eigentliche Thema aber und verlagert den Konflikt auf den Vorwand Tee. Das ist eigentlich ganz schlau, weil er sie demütigen würde, wenn er die irrationale Eifersucht auf die Vorgängerin direkt ansprächte. Zumal er ihre Antwort im voraus kennt (»Was, *ich* auf *die* eifersüchtig? Die sieht ja schon zehn Jahre älter aus, von der Figur ganz zu schweigen«) und auch seine wütende Reaktion darauf (»In manchem hatte sie dir mehr voraus, als du in deiner Arroganz ahnst«). Er kann und soll also darauf verzichten, die eigentlichen Motive ihrer Streitlust auf den Frühstückstisch zu packen und einlenken.

Er: Okay, war ja nur ein Versuch. Wenn der Tee zu scheußlich schmeckt, gießt du eben noch einen auf.

★★ Sie ist jetzt einen ganzen Schwung Aggressionen losgeworden, was ja so erleichternd wirkt wie morgendlicher Stuhlgang; sie weiß auch, daß er kapiert hat, was sie wirklich so gereizt macht, hat sich aber noch nicht selber dadurch gedemütigt, daß sie ihre Eifersucht zugibt. Sie kann also einlenken, ohne das Gesicht zu verlieren.

Sie: Wenn du lieber mal Kaffee trinkst, warum nicht? Außerdem können wir ja heute gemeinsam mal eine andere Teesorte aussuchen, der Teeladen ist eh so schön, daß ich ihn am liebsten leerkaufen würde, den mußt du mal sehen.

★★★ Zu diesem Zeitpunkt ist ausgesprochen, worum es eigentlich geht. Er kann nicht mehr so tun, als wäre ihm nicht klar, daß die Situation am Abend sie belastet. Aber er kann ihr klarmachen, daß ihre Sorgen, er könne irgendwie rückfällig werden, restlos überflüssig sind.

Er: Schatz, ich weiß ja, es ärgert dich, daß die ausgerechnet *sie* dazu eingeladen haben. Ich finde das ja auch nicht so geschmackvoll. Aber es ist doch das beste, wir gehen hin und beweisen, wie gut wir uns verstehen und daß da kein Mensch dran rütteln kann. Und außerdem siehst du heute derart gut aus, daß ich nicht mal als Junggeselle auf Partnersuche woanders hinschauen würde.

Die antiken und biblischen Geschichten von einge-
klagten Menschenopfern – ob sich das nun um Iphi-
genie oder um Isaak handelt – belegen, daß die jewei-
lige Gottheit schon besänftigt war, wenn der andere
sich bereit zeigte, das Opfer zu bringen, und prompt
gnädig drauf verzichtete. Das Angebot macht's.

Wäre unser Mann von wahrhaft heiligenmäßiger
Einsicht, Weitsicht und Nachsicht, böte er ihr schon
im voraus an, auf den Besuch der Party zu verzichten,
damit sich die beiden Königinnen nicht begegnen.
Dann würde sie sagen: »Aber das macht *miiir* doch
nichts aus«, und alles wäre bereinigt. Sie würde dann
übrigens, schon allein, um ihre Souveränität vorzu-
führen, auf die Party mitgehen, rasend guter Laune
und entzückend zu der Vorgängerin sein.

Da solche heiligenmäßigen Männer aber ebenso selten sind wie entsprechende Frauen, sei diese Lösung
nur der Vollständigkeit halber vorgeschlagen...

SCHWEIGEN AM TISCH (FRÜHSTÜCKSDEBATTE, ANDERE VERSION)

oder:

*Was muß ich morgens tun, um bald
ein Magengeschwür zu kriegen?*

Auf der Wunschliste deutscher Frauen steht ganz oben etwas sehr Bescheidenes:

»Daß wir beim Frühstück miteinander reden.«

Die Situation ist – in einer Zweierbeziehung wie in einer Familienbande – seit hundert Jahren nur unwesentlich verändert. Allerdings zum Negativen.

»Sie sitzt bei des Strickstrumpfs Bereitung
In ihrem Morgenhabit.
Er liest die Kölnische Zeitung
Und teilt ihr das Nötige mit.«

Heißt es bei Wilhelm Busch.

Heute strickt die Frau nicht, sondern feilt ihre Nägel oder macht die Brut schulgangsbereit.

Er jedenfalls nimmt in 90% der Haushalte die abonnierte Zeitung an sich.

Leider teilt er daraus nicht das Nötige mit, sondern

konsumiert schweigend die Fußball-Bundesliga-Ergebnisse oder das Neueste über Steuerbetrüger. Das versaut ihr die Laune, weil sie erstens mit ihm noch etwas besprechen wollte und zweitens spätemanzipistische Wut im Bauch spürt, daß er sich mit Lektüre verlustiert, während sie schon arbeitet. Oder – so sie nur Nägel feilt –, daß er die Unterhaltung mit der Zeitung spannender findet als die mit ihr.

Das Wichtigste am Frühstückstisch arbeitender Menschen ist: ein Gebiet anzusprechen, das thematisch natürliche Grenzen hat (wegen anstehendem Aufbruch) und so frei von Reizstoffen ist wie ein Malzkaffee. Meistens läuft es aber ziemlich anders ab.

Sie: Willst du noch Kaffee?

Er: Mhm.

Sie: Steht was Interessantes drin?

Er: Hmm.

Sie: Was liest du denn grade? ★

Er: Hmm.

Sie: Ich hab' dich gefragt, was du grade liest.

Er: JAAA.

Sie: Ich muß heute zum Frauenarzt. ★★

Er: Ahso.

Sie: Du hältst es also nicht für nötig, mit mir mal irgendwas zu reden.

Er: Ich rede doch mit dir.

Sie: Du hast nur Hm gemacht.

Er: Weil du mich ständig beim Lesen störst. Das kannst du selber doch auch nicht leiden, wenn dich eins von den Kindern ständig stört.

Sie: Das ist was anderes.

Er: So, das ist jetzt also was anderes. Also ich hab' nicht dieselben Rechte wie du. Oder?

Sie: Darum geht's nicht. Es geht nur darum, daß du ständig am Frühstückstisch liest und wir nichts besprechen können.

Er: Nein, darum geht es überhaupt nicht. Es geht ums Prinzip.

Sie: Du mit deinen saublöden Prinzipien. Kein Wunder, daß der Berger dich nicht leiden kann. ★★★

Er: Der Berger kann keinen leiden.

Sie: Aber nur dir macht er im Job ständig Schwierigkeiten.

Er: Seit wann interessiert dich denn auf einmal, was zwischen mir und dem Berger los ist ...

Sie: Solange du nicht ständig drüber jammerst am Abend, daß sie dich an deiner Karriere hindern wollen ...

Er: Aha, da haben wir's: meine Karriere befriedigt die Gnädige nicht. Zuwenig Kohle, zu kleines Auto oder was? Dann nimm dir eben irgendeinen reichen Macker ohne Hirn ...

Sie: Warum gehst du davon aus, daß ein Mann mit Geld und Erfolg blöd ist? Da spricht doch der pure Neid aus dir ...

Er: Ich und neidisch. Wer in meinem Alter 8000 im Monat verdient, kann eigentlich mehr als zufrieden mit ...

Sie: Jaaaa. *Du* bist mit dir immer zufrieden. Nach mir fragst du nicht.

Hier verlassen wir die Szene. Sie führt dazu, daß er zu spät kommt, in Termindruck gerät, abends später als sonst nach Hause kommt und der Streit noch einmal aufgewärmt wird. Am nächsten Morgen liest er wieder die Zeitung, und sie sitzt dabei, während sie eine Gastritis in sich aufkeimen spürt und sich ziemlich sicher ist, daß der Frauenarzt mit seiner Diagnose (›keinerlei Veränderungen‹) danebenliegt.

Die kluge Frau (Sie merken, daß bei diesem Stück die Rollen schwerlich vertauschbar sind) nimmt dem Mann die Angst vor weiterreichenden Folgen, wenn er erst mal zuhört. Sie darf ihn also nicht zu Entscheidungen verleiten, die ihn hinterher reuen könnten. Aber sie kann ohne Entscheidungszwang Dinge klären, wenn sie zum richtigen Zeitpunkt die Kurve kriegt. Er andererseits kann die Kränkung durch Kommunikationsverweigerung vermeiden, wenn er angstfrei in die Debatte geht und schlicht und ergreifend zuhört. »Ihr könntet mir helfen«, läßt Marcuse seinen Hiob den Gästen sagen, »wenn Ihr den Mund hieltet und mir aufmerksam zuhörtet.« Mit dem Mundhalten ist es nicht getan: das aufmerksame Zuhören zählt.

Warum Männer sich davor fürchten, auch nur ein bißchen aufzumachen und sicherheitshalber ganz verschlossen bleiben, hat atavistische Gründe: Sie befürchten, es werde durch den ersten Spalt ihrer mentalen Öffnung, ihres open mind, ein trojanisches Pferd hereingemogelt, aus dem dann ganze Legionen gut bewaffneter Feinde, sprich: schlagender Argumente herauskommen, die ihn, den morgens argumentativ Unbewaffneten, vernichten könnten.

Denn aus welchen Gründen auch immer sind Männer morgens kommunikationsgehemmt. Sie verfügen noch nicht über ihre Sprache, ihre Argumente, ihre Schlagfertigkeit, zumindest nicht in vollem Umfang.

Männer sind verbale Spätaufsteher und fürchten sich davor, in diesem artikulatorischen Dämmerschlaf überrumpelt zu werden.

Anders gesagt: Sie haben Angst, wenn sie an einem

einzigen Punkt Interesse zeigen und aufmerksam zuhören, nähme die Frau das zum Anlaß, ihnen alles auf den Frühstückstisch zu packen – womit sie übrigens meistens völlig recht haben. Also blocken sie sicherheitshalber ganz ab und verschanzen sich hinter der Zeitung.

★ Nachdem bei allen Paaren hier und heute – von glücklichen studentischen mal abgesehen – die gemeinsame Zeit kurz ist, um so kürzer noch, wenn Kinder das Leben versüßen, ist das Frühstück in den Augen der meisten Frauen ein geeigneter Platz zu einem kurzen Check-up. Einem Informationsaustausch nebst Reklamationsgelegenheit, Terminkalendervergleich und Chance zur Abgabe von Petitionen (»Könntest du am nächsten Regentag...«).

Männer sind großenteils morgens wie gesagt noch nicht gerade redegewandt (schauen Sie nur mal mit geschlechtsspezifisch geschärftem Blick ins Frühstücksfernsehen, wo weiblicher Charme schon auf Hochtouren läuft); dieses Defizit verstärkt noch die oben erklärte Angst vor verbaler Verfahrbarkeit, also verbergen sie das Ganze gern hinter der Zeitungslektüre. Die Behauptung, sie kämen außer morgens überhaupt nicht dazu, kann fast immer stichhaltig widerlegt werden, aber darauf läßt sich eine kluge Frau erst gar nicht ein.

Alleiniger Besitzer eines Unterhaltungsmittels zu sein, das gibt den meisten Menschen ein Gefühl von Macht. Fängt an bei einem Typen, der durch den stillen Park seinen voll aufgedrehten Ghettoblaster trägt, geht weiter mit demjenigen, der *sein* Fernsehprogramm drin hat, das die anderen nicht interessiert, oder demjenigen Patienten, der den *Stern* mit einem schönen Skandalthema ergattert hat, während die anderen zwischen Apotheker-Illu und Gesundheitstips aus dem Reformhaus wählen können.

Genauso funktioniert das mit der Morgenzeitung.

Sie: Gib mir doch das Feuilleton, das liest du ja grade nicht.

Er (gibt ihr das Feuilleton): Erzähl mir aber, was die über diese dämliche Aufführung mit den nackten Männern schreiben, die wir am Samstag gesehen haben.

Beide lesen friedlich.

Sie: Ein reiner Verriß.

Er: Gott sei Dank. Und du, den Baulöwen haben sie in Florida erwischt.

Sie: Na endlich. Ach, bei Bau fällt mir ein: könntest du am Sonntag mal das Zusatzfach in den Küchenschrank bauen?

(Davor hat er sich gefürchtet, aber irgendwann kommt es eh.)

★★ Keine Frau geht gerne zum Frauenarzt. Das ist ein Punkt, an dem sie Zuspruch erwartet.

So wie er, wenn er zum Zahnarzt muß. Es ärgert sie zwar schon länger, daß er dauernd am Frühstückstisch liest, aber der Frauenarztbesuch ist ein aktueller Anlaß, das Problem mal anzugreifen.

Er (legt die Zeitung zur Seite): Nur Routineuntersuchung, oder tut dir was weh?

Sie: Ja, hier sticht's manchmal.

Er: Wenn's was Ernstes ist, ruf mich an im Büro.

★★★ Das ist die allerletzte Gelegenheit, auszusteigen. Denn sie hat bereits den berühmten argumentativen Haken geschlagen, der völlig abbringt von dem, worum's eigentlich geht, und im Zickzackkurs zum unversöhnlichen Stellungskrieg führt.

Er: Stimmt, der kann mich echt nicht leiden. Wird schon seine Gründe dafür haben. Aber du wolltest doch auf was anderes raus. Was war das grade mit dem Frauenarzt?

Die chinesische Medizin, Jahrtausende älter und klüger als die westliche, kennt keine umständlichen Diäten zum Abnehmen oder zur Verhütung von Krankheiten. Sie gibt schlicht drei Ratschläge.

1. Iß regelmäßig.
2. Iß nicht alleine.
3. Rede beim Essen über nichts Ärgerliches.

Das Frühstück findet zwar mit schöner Regelmäßigkeit statt, aber wenn einer von beiden sich nur mit der Zeitung unterhält, sind beide alleine.

Damit beginnt der gesundheitsschädigende Streß. Und er setzt sich darin fort, daß banale Harmlosigkeiten, wie ihr Gang zum Frauenarzt oder sein Versprechen heimhandwerklicher Aktivitäten, *nicht* gesagt, aber gedacht werden. Und wenn sich alles so richtig schön angestaut hat, wenn sich in ihrem Kopf seine Fehler und Vergeßlichkeiten unter der Rubrik ›typisch Mann‹ verdichten und ihre harmlosen Probleme in seinem Kopf unter der Rubrik ›typisch Frau‹, genügt es, ein verbales Streichholz anzuzünden, und das Ding geht los.

Wichtig ist ausgerechnet beim Frühstück, eine der schwersten Übungen zu beherrschen: die Kunst der Endlichkeit. Anders gesagt: eine Technik, effektiv und konstruktiv Punkte abzuhaken.

Dabei hilft übrigens, wenn keiner Nachrichten, Sportberichte oder politische Kommentare hört, sondern beide eine gutgelaunte und nicht zu anspruchsvolle Musik. Lieber Gedudel als Gejammer. Aber mit solchen banalen Tips läßt sich eines natürlich nicht einbremsen: der – besonders in Deutschland – ausgeprägte Drang, zu gründeln.

Das hat uns zwar große Philosophen beschert, aber auch jede Menge an nicht gerade philosophischem Kleinkrieg. Als intelligente Menschen, die wir alle sind, forschen wir nach Gründen und Motiven einer regelmäßig wiederkehrenden Streitsituation. Nur geraten wir bei diesen Forschungen oft in das tiefste Dickicht.

In diesem Fall könnte Sie nämlich auf die Idee kommen, hinter seiner Zeitung verberge sich kein kluger Kopf, sondern einer, der etwas zu verbergen sucht.

Der lieber nichts sagen will, um sich nicht zu verplaudern.

Das ist ein naheliegendes, aber grobes Mißverständnis. Weiter kommt die ursachenforschende Frau, wenn sie die wahrlich mythische Kraft dieser Szene kapiert.

Der Arbeitsplatz ist für den Mann nach wie vor ein Schlachtfeld, auf dem sich die Helden und Feiglinge zu schlagen haben. Und vor einer Schlacht legt der Krieger seine Rüstung an.

Die verbale und argumentative Rüstung des modernen Mannes ist die Information.

Überall wird uns eingeredet, Information schütze vor Anfechtungen. Sie mache unverletzbar und überlegen. Männer glauben das. Ohne die Basisinformation aus der Zeitung fühlen sie sich nackt und wehrlos.

Außerdem fühlen sich Männer Frauen morgens rational und argumentativ sowieso unterlegen.

Nicht nur aus dem bereits genannten Grund (sich nur langsam aufladende Rhetorik), auch weil sie äußerlich sichtbare Schwächen nicht verdecken können – oder wollen.

Das Make-up ist noch immer die Rüstung der Frau. Schwachstellen werden kaschiert, das Selbstbewußtsein wird stabilisiert. Aber ein Mann, der morgens die Spuren von vielen Jahren, vielen Schnäpsen oder zu vielen Arbeitsstunden nicht wegmogeln kann, ist da schlecht dran.

Hilfreich also auch die zukunftsweisende Methode, daß sie ihn in den Morgenstunden zuerst einmal aufbaut, bevor sie ihn angeht.

»Du siehst blendend aus in dem neuen Hemd« oder: »Die Bräune vom Urlaub steht dir wirklich gut« – das sind Bemerkungen, die Männern das Rouge ersetzen können und den Drang nach Info-Rüstung zumindest reduzieren.

TRÖSTEN

oder:

Wie mache ich den anderen nieder,
wenn ich ihn aufbaue?

Morgens in der U-Bahn rempeln sie dich an, wild-
fremde Menschen beschimpfen sich, Autofahrer und
Fahrradfahrer werfen sich verbale Stinkbomben an
den Kopf, Kollegen kommentieren bei andern jede
Hautunreinheit als psychosomatischen Beweis der
Überforderung, Fehler in der Unternehmensleitung
werden den Angestellten als deren Problem auf den
Tisch gekotzt, Verkäuferinnen behandeln dich wegen
der letzten Urlaubskilos als modischen Outlaw oder
blasen dir einfach den schlechten Atem ihrer Ah-
nungslosigkeit ins Gesicht. Reklamationen werden
nicht mehr angenommen.

In einer Welt mit immer rüderen Umgangsformen
ist jeder halbwegs sensible Mensch mindestens einmal pro Woche verletzt und erwartet, daß der Partner
sich als seelischer Notdienst sofort mit dem Verarzten
der Wunden beschäftigt. Vor allem bei beruflichen
Mißerfolgen sind die Rettungsmaßnahmen sofort ein-
zuleiten, sonst werden sie bereits als ein Versuch fahr-
lässiger Tötung interpretiert. Nirgendwo verschlech-

tert sich der Zustand in so kurzer Zeit so rapide wie bei aufgeschobener Tröstung. Aber sie muß nicht nur sofort, sie muß auch perfekt serviert werden. Spontane Hilfsbereitschaft, frisch, aber roh und ohne Sauce, ist nur etwas für Leute, die ohnehin alles ganz mühelos verdauen können.

Aber Trost ist eine Sache, die schonend gegart verabreicht werden sollte. Der, der tröstet, ist nämlich in der ungünstigsten Position, die er einem Trostbedürftigen gegenüber haben kann: in der überlegenen.

Hat den Vorteil, daß er von weiter oben oder zumindest weiter weg die Probleme etwas kleiner sieht und daher leichter einen Überblick gewinnt; hat den Nachteil, daß er trotzdem nicht gemein gesund, widerlich erfolgreich und schamlos glücklich wirken darf. Selbst wenn er das gerade ist und das auch brauchen kann, um Energien zwecks seelischem Beistand freizusetzen.

»Trost und Rat sind oft die Abwehr des Nicht-Betroffenen gegen das Leid des Betroffenen. Trost und Rat sind – neben anderem – auch die Maske der Distanz.«

Das schreibt der Philosoph Ludwig Marcuse in seiner ›Philosophie des Glücks‹ im Zusammenhang mit der Hiobs-Geschichte, wo der vom Schicksal gebeutelte ehemalige Glückspilz seine Tröster nebst dem ehemals lieben Gott rausschmeißt.

»Sie antworteten«, schreibt Marcuse über die trostwilligen Freunde, »auf die ernstesten Fragen, indem sie die abgestandensten Phrasen bis zum Überdruß wiederholten... Sie wollten ihn mit ihrem Geschwätz mundtot machen. So schmetterten sie eine Kalenderweisheit nach der andern an die Luft.«

Genau das macht den Trostbedürftigen rasend:

wenn der Helfer anfängt, mit Allgemeinplätzen und Schulbuchweisheiten auf Abstand zu gehen. Ich will ja nicht wissen, was *man* dazu sagt, sondern was er/sie dazu meint. Auch das Argument, daß Gras über alles wachse und Zeit die Wunden heile, ist bei akutem Seelennotstand so wirkungsvoll wie Baldrian bei durchgeschnittenen Schlagadern.

Unglück ist schon schlimm. Noch schlimmer ist, wenn es selbstverschuldet ist. Aber am allerschlimmsten ist es, wenn einem der einzige Mensch, von dem man bedingungslose Solidarität erwartet, das auch noch sagt.

Sie kommt nach Hause. Er ist schon da und sieht gerade Nachrichten.

Daran, wie sie die Wohnungstür zuknallt, erkennt er sofort akuten seelischen Notstand.

Es kommt nur blöderweise in diesem Augenblick gerade die Meldung, derentwegen er den Kasten angestellt hat. Er ruft also nur: »Hallo, Schatz, ich bin schon da.« (Aus dem Flur vernimmt er das Geräusch eines Aufpralls.)

Sie: Scheiße, kannst du deinen saublöden Aktenkoffer vielleicht mal so hinstellen, daß man nicht drüberfällt beim Reinkommen? ★

Er: Du hast doch Augen im Kopf. Und normalerweise fällst du auch nicht drüber.

Er steht auf und schaut nach ihr.

Sie sitzt am Boden und reibt sich das Schienbein.

Er: Was hast du denn?

Sie: Ein angeschlagenes Schienbein, dumme Frage.

Er: Nein, ich meine, welche Laus ist dir denn über die Leber gelaufen.

Sie: Überhaupt keine. Aber diese gemeine hinterhältige Kuh im EDV hat dem Chef erzählt, was ich ihr über ihn gesagt hab'.

Er: Welche gemeine hinterhältige Kuh?

Sie: Die kennst du doch, die Blonde mit dem Riesenhintern und der Dauerakne. ★★

Er: Ich dachte, das ist eine Freundin von dir.

Sie: Die eine Freundin? Wie kommst du denn auf die Idee?

Er: Weil du ihr ja offenbar Dinge anvertraust, die nicht jeder wissen soll.

Sie: Kann ich riechen, daß die alles brühwarm weitererzählt?

Er: Wenn sie *nicht* deine Freundin ist, hättest du ihr eben besser nichts ...

Sie: Hättest hättest hättest ... ★★★

Er: Was hast du ihr denn über den Chef erzählt?

Sie: Daß er mir nachsteigt, ich mich aber einen Dreck für ihn interessiere.

Er: Das hätte ich an deiner Stelle auch für mich behalten.

Sie: Das ist eines der dümmsten Argumente, die ich kenne: an deiner Stelle ... Und weil du ja immer so ruhig und weise bist, der tolle Menschenkenner, der alle durchschaut ...

Er: Hat sie denn was gegen dich?

Sie: Du gehst mir wahnsinnig auf den Geist mit deiner Fragerei. Sie ist eben neidisch auf mich. Schon weil ich das Doppelte verdiene.

Er: Hast du ihr das etwa auch gesagt?

Sie: Logisch, warum nicht? Die soll ruhig wissen, wo sie steht.

Er: Du, ich hab' da neulich eine Buchrezension gelesen, da geht's um Teamwork und so psychosoziale Tricks, um mit anderen besser auszukommen.

Sie: Ich komme doch mit allen aus.

Er: Worüber regst du dich dann auf?

Sie (brüllt): Ich rege mich nicht auf.

Er: Du solltest mal einen Kurs in irgendeinem Entspannungstraining machen, Schatz.

Sie: Das einzige was mich anspannt, bist du mit deinem neunmalklugen Gequatsche.

Er: Damit verdiene ich eben ordentlich Geld. Seit heute sogar noch etwas mehr.

Sie: So. Ausgerechnet wenn ich Ärger kriege und vielleicht rausfliege, mußt du mit einer Gehaltserhöhung angeben.

Er (lauter): Ich dachte, das freut dich.

Sie: Warum soll mich dein Scheißgeld freuen?

Hier entfernen wir uns vom Ort des Geschehens. Er beschließt, ihr das Parfum, das er aus gegebenem Anlaß mitgebracht hat, nicht zu geben.

Und sie beschließt, ihm zum nächsten Geburtstag nur noch etwas Billiges zu kaufen und mit dem Chef am nächsten Mittag zum Essen zu gehen.

Eine angeblich aus der griechischen Antike stammende Tradition, die wir allerdings auch im Buddhismus finden, heißt: besänftige den Neid der Götter durch eine freiwillig geleistete Solidaritätsabgabe, sprich: ein Opfer. Also wird vom Gezänk wie von der Speise erst mal etwas auf den Boden oder den Tisch geschüttet, um aufkeimenden Neid zu beschwichtigen. Es macht Sinn, das aufs praktische Leben zu übertragen: derjenige, der grade im beruflichen Glück schwimmt, weder Probleme mit dem Job, noch mit der Figur oder den Kollegen hat, sollte möglichst das Opfer bringen und etwas abgeben, auch wenn ihm das sinnlos erscheint (Wein auf den Boden zu schütten, ist auch nicht direkt sinnvoll). Umgekehrt wirkt Rechthaberei dessen, der gerade im Glück sitzt, wie in einer Badewanne mit Schaumbad, unsympathisch. Siehe Marcuses unverzichtbare Hiobs-Geschichte, wo die ›Freunde‹ ihr Glück plötzlich zum legitimen Besitz erklären.

»Glück hat, wer es verdient«, prahlten sie. »Unglück hat, wer es verdient. Man wird glücklich, indem man hübsch befolgt, was einem in Schule und Religionsunterricht gelehrt wurde.«

Diese Art Besserwisserei, kombiniert mit Aufforderungen zu erhöhter Subordinationsbereitschaft, macht nicht nur Hiob sauer, sondern in diesem Fall die Frau. Es gilt also, solche groben Fehler zu vermeiden, was nicht besonders schwierig ist.

★ Der Hinweis auf das, was normal sei, sowie der auf anatomische Fakten sind für jeden Trost absolut ungeeignet. Der folgende Satz ist also der erste Fehler. Umgekehrt besänftigt einen Menschen mit selbstverschuldetem Schmerz nichts so schnell wie ein Schuldbekenntnis des anderen. Gewiefte Tröster bekennen sich im Ton äußerster Glaubwürdigkeit (der leiseste Unterton von Ironie zeitigt verheerende Folgen) selbst für Unfälle zuständig, an denen ihnen keinerlei Beteiligung nachzuweisen wäre. Empfehlung in diesem Fall:

Er: Ach, du meine Güte! Wie blöd von mir (dieser Satz ist bereits im Spurt zur Unfallstelle vorzutragen). Tut's weh?

Sie: Und wie!

Er: Ich trag' dich schnell aufs Sofa und mach' uns mal einen Drink. Das hilft gegen jeden Streß. Und den Kasten stell' ich so lange mal ab.

★★   Ludwig Marcuse stellt in der Hiobs-Geschichte etwas sehr Schlichtes und Geniales fest:

»Ebenso hilfreich wie das Übertreiben ist das Verallgemeinern, eine versteckte Art von Übertreiben. So klagte Hiob verallgemeinernd: ›Muß nicht der Mensch immer im Streit sein auf Erden, und sind seine Tage nicht wie die eines Taglöhners?‹«

Auf unseren Fall angewandt, ergäbe sich an dieser Stelle also folgendes

Er: Alle Menschen mit unreiner Haut und Gewichtsproblemen sind auf attraktive wie dich neidisch.

Sie: So häßlich ist sie ja nun auch wieder nicht.

Er: Du, das sehen Männer kritischer. Und auch die meisten Chefs können irgendwelche Bemerkungen, wenn sie von dem Typ Frau kommen, richtig einordnen.

★★★   Die Analyse von Fehlverhalten im nachhinein wirkt sich nur bei Menschen positiv aus, die diese Analyse sowieso selber vornähmen, also von überirdischer Gelassenheit und Reife sind.

Hier empfiehlt sich, wie so oft im Leben, ein positiver Ansatz.

Er: Du bist halt extrem vertrauensvoll, und das haben die Leute nicht verdient (hilfreiche Verallgemeinerung nach Marcuse).

Sie: Da hast du leider recht. (Seufzer, friedlich.) Ach Schatz, warum sind die Menschen nur so?

Er (schaut wieder auf den Bildschirm und legt den Arm um sie): Schau dir das in Bosnien an. Der Mensch ist eben eine Bestie (anderer Menschen größeres Leid macht das eigene bekanntlich kleiner).

Trost sei, behaupten fromme Menschen, in Gott.

Das kann ja sein. Aber wie krieg' ich den so schnell aus ihm raus?

Trost müßten sie spenden, verlangen Christen von Mitchristen.

Das ist vielleicht im Sinne der Kirche. Nicht aber im Sinn der Trostbedürftigen.

Denn Leute, die Trost *spenden*, tun das meistens gegen Spendenquittung, wegen ihrer Vereinszugehörigkeit und in der Hoffnung auf den versprochenen postmortalen Bonus.

Und das Schlimmste ist: Sie tun es nicht aus einem einfachen Impuls heraus, sondern aus höheren Beweggründen. Wer zum Trösten niedere Beweggründe hat, ist meistens erfolgreicher.

Mütter, die ihre völlig übertrieben plärrenden Kinder trösten, machen das perfekt, weil sie vor allem Ruhe haben wollen vor dem Gebrüll. Und wenn ein Partner den anderen tröstet, weil er einen gemütlichen Abend haben will mit etwas Sex und Heiterkeit, erledigt er das sehr viel besser als jemand, der sich als Tröster fühlt – wie eine Kreuzung aus Priester, Sozialpädagoge und Psychotherapeut.

Besonders unerwünscht bei Trostbedürftigen, und daher besonders wirkungslos, sind Grundsatzerklärungen, Kursempfehlungen und sprichwörtliche Lebensweisheiten.

Eine banale, aber effektvolle Methode: das Leid des zu Tröstenden als fremdverschuldet und absolut unvergleichbar, ja einzigartig anzuerkennen.

Das allein gibt dem Hilfesuchenden seine Würde zurück. So kann er den Schuldnern und Missetätern verzeihen und stark und tapfer, Seelen- oder

Körperschmerzen duldend, über sich hinauswachsen.

Das genaue Gegenteil bewirkt die beliebte Formulierung: Ich an deiner Stelle ...

Sie nivelliert individuelle Tragik und hat jenen besserwisserischen Unterton, mit dem wir Leute über etwas reden hören, das sie nicht betrifft. Katholische Priester über Ehekräche, steuerbefreite Politiker über Steuermoral, kinderlose Paare über Erziehung und schlanke Menschen über Gewichtsprobleme.

Reden hilft dem Trostbedürftigen.

Aber bitte nicht *darüber* reden.

Die Betroffenen wissen meistens selber recht genau, wie hoch der Eigenanteil, anders gesagt: die Mitschuld am Kummer ist. Aber sie wollen das nicht auch noch unter die Nase gerieben bekommen.

Das ärgerte, meint Marcuse, schon den gebeutelten Hiob so bei seinen selbsternannten Tröstern.

»Sie benutzen also sein Unglück, um sich aufs hohe Roß zu schwingen. Weil es *ihm* schlecht geht, tun sie sich dicke.«

Natürlich macht der Trick, sofort ein eigenes Leid aus der Tasche zu ziehen, damit das des anderen relativiert wird, bei mehrfacher Wiederholung mißtrauisch.

Aber der generelle Verzicht auf das, was Analytiker ›aufdeckend arbeiten‹ nennen, bewährt sich bei privaten Trostkampagnen über Jahre hinweg. Zudecken ist angesagt.

Im Zeichen der vielgepriesenen Transparenz, die ausgerechnet von den kriminellsten Staatsgeschäftsverdunklem dauernd angepriesen wird, haben wir uns angewöhnt, Verdrängung zu verteufeln. Warum eigentlich?

Bewältigen müssen wir ständig.

Reicht eigentlich, wenn wir die deutsche Vergangenheit bewältigen. Für vieles andere ist die Methode, den Dreck erst mal unters Sofa zu fegen, gar nicht falsch. Bacchus, im Olymp bekanntlich für das Ressort Wein, Weib und Gesang zuständig, wurde berühmt für eine der spektakulärsten Tröstungen der Welt: Ariadne, nach grandioser Hilfeleistung – sie führte den angehimmelten Theseus mit ihrem Fadenknäuel aus dem Labyrinth zu Knossos – von dem Herrn schnöde sitzengelassen, hing depressiv auf Naxos herum, bis Bacchus sie auf ganz andere Gedanken brachte.

Was Bacchus der frustrierten, trostbedürftigen Ariadne so sympathisch macht, ist, daß er nicht so tut, als habe er sein Glück *verdient*. Er hat es einfach und gibt, weil es ziemlich viel ist, davon ab. Allerdings erst nach geduldiger Anhörung (nicht Debatte!) von Ariadnes Klagen.

ER leistet also haarscharf das, was Hiob von seinen selbstgerechten Besuchern verlangt.

Fragt sich nur: Wie hält ein angestrengter strapazierter Mensch, der nicht wie Bacchus genüßlich durch die Welt zieht, um die Menschen vom Sinn der sinnlichen Wollust zu überzeugen, so eine Anhörung durch?

Nun wird natürlich ständig und zu Recht vor Frustfresserei als Beginn der Bulimie und vor Frustsauferei als Einstieg in den Alkoholismus gewarnt. Aber bei einem guten Wein und ein paar schönen Näschereien hört sich's viel leichter zu.

Ein Eichhörnchenvorrat für solche Fälle – ein Döschen Kaviar (es darf ruhig falscher sein), eine Flasche Sekt oder Schampus, ein eingeschweißter Räucherlachs – beweist Routine im Trösten.

Kritiker seien daran erinnert, daß Bacchus, dem wir diese Methode abkupfern, immerhin ein Gott war. Vielleicht ist das der Gott, in dem angeblich Trost ist.

LIEBESERKLÄRUNG
AUF BEFEHL

oder:

*Wie bringe ich meine(n) Liebste(n)
dazu, mich anzubrüllen?*

Wir könnten uns einbilden, der Schrei nach Beweisen sei ein modernes Phänomen.

Wir könnten sogar auf die Idee kommen, es sei typisch für unsere Situation heute, angesichts immer dreisterer Lügen über das Große – das Weltgeschehen, Atomkatastrophen, Gentechnik oder Kriegsgefahren – im Kleinen und Privaten zu beweisen, was wir fühlen. Wir beweisen Engagement und Betroffenheit, wir fordern Freundschaftsbeweise und Beweise dafür, daß ein neuer Partner HIV negativ ist, als könnten wir uns dadurch absichern vor dem Absturz in globale Zweifel an allem, was auf diesem kranken Planeten geschieht.

»Beweis' mir, daß du recht hast«, heißt es dann in einer höchst privaten Diskussion.

»Beweis' mir, daß du mich nicht betrogen hast«, fordert der eine vom anderen, dem er doch angeblich vertraut.

»Beweis' erst mal, daß du's besser kannst«, heißt die übliche Retourkutsche auf Kritik an irgendwelchen praktischen Fähigkeiten.

»Beweise, daß du es ernst meinst«, fordert ein Liebender die Heirat ein, wo doch Liebe gerade vor dem ungemütlichen Ernst des Lebens schützen könnte.

Noch schwieriger aber wird es, wenn ein Mensch auf Kommando und mit Worten seine Liebe beweisen soll...

Wahre Liebesbeweise können wir nur erbringen, wenn sich dazu die Gelegenheit bietet: wenn es dem anderen in irgendeiner Hinsicht dreckig geht. Aber ganz ohne Not und Anlaß ist das ein Ding der Unmöglichkeit.

Denn das heißt, den Liebesbeweis als einen Allerweltsartikel zu betrachten: immer auf Lager und jederzeit lieferbar.

Ein ausgemachter Blödsinn, diese Forderung. Aber ein urmenschlicher, uralter.

Wer sich antiken Stoff einverleibt hat, weiß außerdem: Einen Beweis für Liebe zu verlangen, führt zu nichts oder zu einer Katastrophe.

Semele, zum Beispiel, erwartete von dem Olympischen Vorstandsvorsitzenden Zeus einen Liebesbeweis. Er kam als Blitz zu ihr, und aus war's.

Diversen anderen Damen ging es nicht besser.

Eigentlich ist die Warnung deutlich. Aber sie wurde immer konsequent überhört: Die Frage »Liebst du mich?« ist und bleibt die häufigste und die am meisten gefürchtete in allen Beziehungen.

Denn daraus entspinnen sich endlose, unentwirrbare Dialogknäuel, die man schließlich entnervt mit scharfen Worten zerschneidet. Und damit wird auch alles zerschnitten, was sich zart und wortlos über Monate und Jahre entsponnen hat.

Zu spät entfährt den Beteiligten dann der Seufzer: »Ach, hätten wir bloß nicht darüber geredet.«

Der folgende Dialog ist im wirklichen Wortsinn klassisch, die Rollen sind austauschbar.

Sie: Liebst du mich?

Er: Ja, mein Schatz.

Sie: Sehr?

Er: Ja. Sehr. ★

Sie: Wirklich?

Er: Ja, wirklich.

Sie: Klingt ja nicht grade leidenschaftlich.

Er: Wie soll's denn dann klingen?

Sie: Das weiß *ich* doch nicht. *Du* mußt wissen, was für Gefühle du hast...

Er: Ich könnte das ja genausogut umdrehen. Liebst du mich denn?

Sie: Ja, Schatz. ★★

Er: Wirklich?

Sie: Ja, wirklich.

Er: Klingt ja nicht gerade...

Sie: Findest du das originell, mich nachzuäffen?

Er: Ich mach' dich nicht nach, ich stelle nur dieselben...

Sie: Aber ich hab' zuerst gefragt. LIEBST DU MICH?
★★★

Er: Wenn du das *so* fragst, kann ich nichts Nettes sagen.

Sie: Wenn ich *wie* frage?

Er: So aggressiv. Soosossso fordernd.

Sie: Fordernd, aha. Ich soll also nur geben, verlangen darf ich nichts.

Er: Darum geht's doch nicht.

Sie: Doch, genau darum geht es.

Er: Liebe ist doch nichts, was man befehlen kann.

Sie: So redest du dich also raus. Wie heißt sie denn?

Er: Wer?

Sie: Die neue Frau in deinem Herzen.

Er: Du redest einen echten Scheiß daher.

Sie: Ich rede keinen Scheiß, ich hab' dich nur gefragt, ob du mich liebst.

Er: Und ich hab' ja gesagt.

Sie: Sagen kann man viel. Das ist kein Beweis.

Er: Was wäre denn ein Beweis?

Sie: Irgendwas, vielleicht ein, ein ...

Er: ... Brillantring? Oder soll ich dir lieber einen Porsche vor die Tür stellen?

Sie: Das verlangt doch keiner.

Er: Doch, du.

Sie: Das nächste Mal lass' ich ein Tonband mitlaufen.

Er: Bitte, bitteäääh. Von miiir aus gern.

Sie: Klingt nicht so, als hättest du das gern.

Er: Dooch.

Sie: Schrei doch nicht so!

Er (schreiend): IIIch schreeeie doch niiicht!

Vor dem unerfreulichen Ende dieser Auseinandersetzung (sie schläft auf dem Sofa, er im Bett, sie hat am nächsten Morgen Kreuzweh, er verpennt, weil sie ihn nicht weckt) verlassen wir die Szene und widmen uns der Idee der Schadensbegrenzung.

Das grundsätzliche Problem bei Liebeserklärungen ist, daß wir zum Großteil keine Dichter sind und uns daher angemessene Worte fehlen.

Auch charmante Auswege fallen uns nicht ein. Da können wir Herrn Ringelnatz nur beneiden, der seiner Liebsten gestand:

»Ich hab' dich so lieb!
Ich würde dir ohne Bedenken
Eine Kachel aus meinem Ofen
Schenken.«

Im Zeichen moderner Heizmethoden käme aber heute vermutlich nicht einmal dieses Dichterwort mehr so richtig an.

Die Werbung hat alle schönen Wörter vereinnahmt und durch inflationäre Benutzung unbrauchbar gemacht. Was immer einem als Liebeserklärung auf die Lippen kommt, es erinnert an die Sprüche, mit denen Parfum, ein Kleinwagen oder Haarshampoo verkauft wird. Und die Welt der Superlative ist dadurch auch bis zum Äußersten ausgereizt.

Das Wort ›sehr‹ wirkt einfach schlapp im Vergleich mit den ungeheuren Steigerungsformen der Waschmittelreklame.

Und dann kommt erschwerend hinzu, daß heftige Gefühle sich meistens auf die Rhetorik schlagen. Je intensiver die Liebe ist, desto stärker empfinden wir die Bedeutungslosigkeit unserer Beteuerungen.

»Die abstrakten Worte … zerfielen mir im Munde wie modrige Pilze«, heißt es in der Hofmannsthal-Novelle ›Ein Brief‹. Da geht es zwar nicht um soeben bestellte Liebesbeweise, sondern um ein Symptom dekadenter Sprachskepsis. Das Ergebnis ist in unserem Fall aber das gleiche. Ganz egal, was einer Liebes zu sagen vorhat: eingeforderte Liebeserklärungen führen bei den meisten Menschen zu einem Leistungsdruck, der verbale Impotenz auslöst. Sie wollen, aber sie können auf einmal nimmer.

Die natürliche Alternative heißt Körpersprache: ein Kuß, eine Umarmung.

Klingt einfach, funktioniert aber selten.

Denn erstens ist der verbale Liebesbeweis etwas, was wir fast alle als haltbarer empfinden. Als etwas, was man mit sich herumtragen und sich im Bedarfsfall aufsagen kann – abrufen kann, wie das heute heißt.

Und zweitens haben sehr viele Wortwechsel den eigentümlichen Effekt, daß die Hemmschwelle, den anderen anzufassen oder gar zu küssen mit jedem Wort höher wird. Es gibt da einen ›point of no return‹, der sehr früh anzusetzen ist.

★ Hier ist die letzte Gelegenheit, vom Debattieren zum Poussieren, von der Theorie zur Praxis überzuwechseln. Nach dem etwas schlichten »Ja, sehr« nimmt er sie so fest in den Arm, wie er kann, und macht sie küssend mundtot.

★★ Was sie im folgenden wütend macht, ist, daß sie an sich dasselbe Impotenz-Symptom entdeckt, das sie an ihm gerade geärgert hat. Eigentlich ist das aber durchaus erheiternd. Alternative also:

Sie lacht über sich. »Du hast recht, es fällt einem auf Befehl wirklich nichts Originelles ein.«

★★★ Hier bricht es eigentlich heraus, warum sie die Schicksalsfrage gestellt hat: Sie ist innerlich – aus welchen Gründen auch immer – unzufrieden, vielleicht auch verunsichert und will sich von ihm jetzt den Beweis dafür abholen, daß sie begehrenswert und unersetzbar ist.

Souverän wäre es also, wenn er genau umgekehrt reagierte.

Er: »Sogar, wenn du das so fragst, liebe ich dich.«

Eine grandiose, aber vernachlässigte Methode, auf die Frage nach Liebe zu antworten, ist die humoristische. Zum Beispiel: »Ja. Und zwar mehr, als du verdienst.« Der Risikofaktor ist dabei natürlich der aktuelle Sinn für Humor des anderen.

Sicherer ist es, ein paar originelle Zitate im Hinterkopf zu haben.

Zum Beispiel das: »Ich liebe dich mehr als gestern und weniger als morgen.«

Das leichte Stutzen, Nachdenken und das dann aufscheinende Lächeln gibt dem verbal Bedachten außerdem einen besonderen physiognomischen Liebreiz. Von Mehrfachverwendungen wird aber selbst bei so erfolgreichen Sentenzen energisch abgeraten.

Ist der Empfänger literarisch gebildet, empfiehlt sich außerdem eine Quellenangabe, denn entliehener Federschmuck macht auf Dauer unglaubwürdig.

TELEFONGESPRÄCHE

oder:

Die beste Technik,
jemanden zu verärgern,
mit dem ich gar nicht rede

Telefongespräche meint hier nicht die Diskussion am, sondern übers Telefon.

Und die finden in 80 % der Fälle mit derselben Rollenverteilung statt: Sie quasselt angeblich zuviel, und er macht ihr das klar.

Verfestigt wird diese Aufteilung durch mehr oder weniger läppische Äußerungen mehr oder weniger wichtiger Dichter und Denker.

»Ist den Frauen doch eingepflanzt«, behauptete Euripides in der ›Andromache‹, »die Lust und den Jammer, den sie leiden, im Mund und auf der Zunge zu führen.«

»Ein Weib tut wenig, plaudert viel«, wußte Mozarts Librettist Schikaneder in der ›Zauberflöte‹ mitzuteilen.

»Auch Frauen können Geheimnisse verschweigen«, meinte Somerset Maugham, »aber sie können nicht verschweigen, daß sie Geheimnisse verschweigen.«

Und Hemingway zementierte die Vorstellung vom geschwätzigen weiblichen Geschlecht, dem die bedeutsam schweigenden Männer gegenüberstehen. Früher galt der Kaffeklatsch als Synonym femininer Quasselsucht. Heute ist es das Telefonieren.

Und das wirkt sich auf Männer genauso aus, wie seine schweigende Zeitungslektüre am Morgen auf Sie: Wütend macht, daß der andere da ist, aber nicht für mich!

Daß ich ihn teile mit jemandem, der via Druckerschwärze oder Kabel etwas mitzuteilen hat, was sich zu einem anderen Zeitpunkt genauso mitteilen ließe.

Die Argumentationslage hat sich für den männlichen Part im Lauf der letzten Jahre dramatisch verschlechtert. Immer mehr Frauen zahlen nämlich die Gebührenrechnung selber.

Was den Männern nach wie vor fehlt, ist Verständnis für die psychologische Bedeutung des Langzeit-Telefonats. Sie kapieren nicht, daß telefonierende Frauen eine Art sich selbstorganisierender Telefonseelsorge betreiben.

In Fragen psychotherapeutischer Selbsthilfe sind Frauen einfach talentierter. Sie halten sich einen Friseur, ein selbstfinanziertes Telefon und ein paar beste Freundinnen.

Etwas extrem Komisches, Lächerliches, Schlimmes oder Intimes zu wissen, das ist wie ungesunder Überdruck, der auf der Psyche lastet. Nur ein zügiger Entlastungsschnitt schafft Linderung.

Daß diese schlichte Erkenntnis auch Männer gemacht haben, belegt die griechische Sage von König Midas, dem Apoll die Ohren langgezogen hatte.

Midas waren die Eselsohren verständlicherweise peinlich, also versteckte er sie unter einer Kappe. Aber der Diener, der ihm die Haare schnitt, wußte, wie sich das für Friseure gehört, über das intime Geheimnis Bescheid. Er traute sich zwar nicht, die brandheiße Story meistbietend zu verkaufen oder rumzuerzählen, hielt es aber auch nicht aus, sie für sich zu behalten. Also grub er ein Loch in die Erde und sprach dort hinein, was er wußte. Dann schüttete er das Loch wieder zu. Nun wuchs aber Schilf darauf, und prompt gaben die im Wind flüsternden Halme das Geheimnis weiter. Zu beachten ist nicht nur der Mitteilungsdrang des Dieners, der sich unbedingt erleichtern mußte, sondern auch die weise Einsicht, daß etwas, das den Stempel ›Geheimnis‹ trägt, besonders schnell verbreitet wird. Das Telefon hat mit dem mythischen Loch etwas Wesentliches gemeinsam: es ist kein persönlicher Empfänger zu sehen. Das dämpft das schlechte Gewissen beim Ausplaudern von Geheimnissen ungemein.

Es wäre allerdings falsch, den Männern, die ihre telefonierende Frau beschimpfen, moralische Gründe zu unterstellen: Männer tauschen sich bekanntlich sehr viel hemmungsloser und schamloser über intime Details von Frauen und Liebesabenteuern aus als Frauen über männliche Qualitäten.

Nein, es geht wirklich vor allem um die Kränkung, vom anderen als Gesprächspartner gar nicht wahrgenommen zu werden.

(Er kommt nach Hause, sie telefoniert).
Er (ruft von der Tür): Hallloo, ich bin schon da. ★
Statt einer Antwort hört er sie im Hintergrund reden.
Er (lauter und näherkommend): Halloo.

Sie (hält den Hörer zu): Hallo, Schatz, ich telefonier'
grad noch. ★★

Er: Das merke ich.

Sie telefoniert weiter, er raschelt und wurschtelt unter
größtmöglicher Geräuschentwicklung im Hintergrund.

Sie (hält den Hörer zu): Könntest du etwas leiser
sein, ich versteh' fast nichts.

Er (weiterraschelnd): Dann hör eben endlich auf zu
quatschen.

Sie telefoniert weiter.

Er: Wer ist denn eigentlich dran? ★★★

Sie: ...ja und dann hat der gesagt, er fände sie derartig krachordinär und außerdem...

Er: Wer dran ist, hab' ich gefragt.

Sie schreibt auf einen Zettel: SUSI.

Er: Ich möchte wirklich wissen, was Ihr euch schon
wieder zu erzählen habt. Ihr habt doch erst gestern abend miteinander geredet. ★★★

Sie: Du, ich muß jetzt aufhören, mein Süßer nervt.
Der hat wohl schlechte Laune. Tschüß.

Er: Ich habe überhaupt keine schlechte Laune, ich
hab' nur Hunger.

Sie: Du hättest ja schon mal das Abendessen herrich-
ten können.

Er: Warum denn bitte ich, wo du nichts Besseres zu
tun hast, als igrendwelchen Tratsch weiterzulei-
ten.

Sie: Erstens ist das kein Tratsch, und zweitens bin ich
vor lauter Haushaltsmist seit fünf zu nichts ge-
kommen.

Er: Weil du die ganze Zeit telefoniert hast.

Sie: Das ist schon aufschlußreich, wie du jetzt ver-
suchst, dich rauszureden.

Er: ICH MICH rausreden? Weswegen denn das?

Sie: Weil du ein alter Macho bist und immer davon ausgehst, daß hier am Abend der Tisch gedeckt ist und alles fertig vorbereitet für den gnädigen Herrn. Da hättest du eben keine berufstätige Frau nehmen dürfen.

Er: Ich hätte keine nehmen sollen, die Telefonitis hat.

Sie: Weißt du was? Das geht dich einen Dreck an, wie lange ich mit wem telefonier'. Schließlich zahle ich die Telefonrechnung.

Er: Mir reicht's. Ich geh' jetzt essen. Und das werde ich in Zukunft immer so machen, wenn ich nach Hause komme und du...

Bevor er die Tür hinter sich zudonnert und sie heulend ihre Mutter anruft, klinken wir uns aus.

★ Hier sollte sie bereits klar zu erkennen geben, daß er in diesem Moment wichtiger ist als die Freundin am Telefon. Das braucht nicht unbedingt zu stimmen (zum Beispiel, wenn die Freundin ernsthafte Sorgen hat), aber es spart Kraft und Zoff, wenn sie hier schon sediert.

Sie: Hallo, Liebling. Sei nicht bös, ich red' gerade noch mit Susi, ich mach' gleich Schluß.

★★ Ein idealer Punkt, ein gewisses Maß an Verständnis seinerseits zu demonstrieren. Nicht zuviel selbstverständlich, aber gut dosiert.

Er: Wenn du gleich fertig bist, mach' ich schon mal einen Weißwein auf (wahlweise Bier, einen Drink auf Eis oder Sekt – Getränke, die vom Rumstehen störend warmwerden, das beschleunigt ihre Schlußworte).

★★★ Diese Bemerkung ist geeignet, die angeblich überbrückbare Kluft zwischen den Geschlechtern aufzureißen. Frauen haben sich nun mal öfters etwas zu sagen als Männer. Sie teilen sich nämlich auch in Dingen mit, die Männer schamhaft verschweigen. Oder haben Sie jemals zwei Männer über ihre Verdauungsprobleme, Schwierigkeiten mit Hautunreinheiten oder Unterleibsschmerzen reden hören? Nicht mal in modischen Fragen kommunizieren sie. Klar, daß es da weniger Gesprächsstoff gibt.

Aber gerade weil diese Tatsachen nicht genetisch oder logisch zu erklären sind, gibt eine kluge Frau an diesem Punkt nach.

Sie: »Du, Susi, wir sehen uns ja morgen. Ich muß mich jetzt mal um meinen Süßen kümmern.«

(Sie legt auf).

Er: Schön, daß du endlich aufhörst mit der Quasselei, ich muß dir nämlich etwas ganz Tolles erzählen. Am besten, wir richten zusammen das Abendessen her.

Was Diskussionen über das Telefonieren so problematisch macht, ist die geschlechtsspezifisch festgeschriebene Rollenverteilung, daß Sie angeblich immer an sprachlicher Diarrhoe leidet, wohingegen Er das Telefon nur zum knappen Informationsaustausch benutzt. Es ist zwar mühelos nachzuweisen, daß es genauso viele Männer gibt, die an Telefonitis – das Wort allein schon bringt weibliche Gemüter in Wallung – leiden, aber da doziert meistens der eine, und der andere hört widerwillig zu. Was auf der heimischen Seite des Dozenten dazu führt, daß Sie auf jede Art Einwand nur erfährt, es handle sich um ein Sachgespräch – ein Argument, das in Zeiten der sogenannten Sachzwänge keinerlei Widerspruch duldet. Und daß auf Seiten des Opfers die Frau aus seinem knappen »Ja also dann. Okay, Servus. Ja, super, machen wir, gell, bis morgen dann...« entnimmt, daß er nicht auskommt, und sie ihn daher mit zusätzlicher Nerverei verschont.

Dieses Täter-Opfer-Verhältnis beim Telefonieren findet sich bei Gesprächen unter zwei Frauen selten. Daher entsteht auf keiner Seite so schnell das Bedürfnis, aufzuhören.

Erfahrene Freundinnen spüren allerdings schon an der leichten Bedrängnis, die beim Eintreten des Partners in der Stimme am anderen Ende der Leitung aufklingt, daß es Zeit ist, das Telefonat abrupt abzuschließen.

Diese Methode spart jedenfalls unnötiges Gerede über Gespräche und rettet somit viele Abende.

Daß Auswärts-Telefonate, die dann notgedrungen tagsüber geführt werden, erheblich teurer sind, spielt dabei erstaunlicherweise keine Rolle.

NARZISSMUS

oder:

*Womit hole ich mir richtig schöne
Beleidigungen ein?*

Ohne ihn geht heute in vielen Branchen gar nichts mehr. Models müssen narzißtisch sein, Schauspieler sowieso, aber auch erfolgreiche Manager und Politiker beiderlei Geschlechts.

Narzißmus braucht sich ja keineswegs auf die äußere Erscheinungsform zu beziehen; sonst wäre gerade in den oberen Regierungskreisen nicht die Spur davon zu diagnostizieren. Aber er ist – ob wir ihn jetzt als Krankheit unserer Zeit bezeichnen oder als zeitgemäßes Charaktermerkmal – unabdingbar für alle, die Gewinner sein wollen in ihrer Disziplin.

Narzißmus ist das Fett, das die Haut schützt vor den geistigen Karrieregiften des Zögerns und Zweifelns und vor verbalen Verätzungen: eingeschmiert mit Narzißmus, läuft da so einiges außen ab, ohne unter die Haut zu gehen.

Dummerweise hat sich parallel dazu bei Frauen ein Phänomen stark entwickelt, das mit nagendem Selbstzweifel nur unzureichend beschrieben ist. Eigentlich handelt es sich schlicht um einen Wirklichkeitsverlust.

Die meisten Frauen mit Ideal- oder Normalgewicht finden sich zu dick.

Männer, die deutlich über ihrer angemessenen Gewichtsklasse liegen, sind mit sich meistens zufrieden.

Schon einfach deswegen, weil es keine männlichen Top-Models vom Kultcharakter der weiblichen gibt.

Die verfehlte weibliche Selbsteinschätzung ist nämlich keine prinzipielle Geringachtung der eigenen Attraktivität.

Sie ist nur Symptom dessen, daß Frauen an ihren eigenen narzißtischen Ansprüchen scheitern.

Und an etwas, was Männer aus anderen Bereichen ihres Lebens auch kennen: Sie scheitern an ihrem Machbarkeitswahn, der sich einen Dreck um natürliche Veranlagungen kümmert (Beauty-Chirurgen und diverse qualvolle kosmetische Techniken unterstützen diesen Wahn kräftig).

»Machen Sie mehr aus Ihrem Typ«, hieß die Devise noch in den 70ern. Heute reicht ›mehr‹ nicht mehr.

Die Parameter sind Claudia Schiffer, Cindy Crawford oder Linda Evangelista. Und zwar nicht so, wie sie wirklich sind, sondern so, wie sie im Licht der weltbesten Fotografen erscheinen.

Ergebnis ist eine von heftigsten Zweifeln überschattete Eigenliebe und ein sich zur Sucht steigerndes Bedürfnis nach Bestätigung.

Weil Männer das in dieser Hinsicht nicht kennen (in anderer durchaus), stehen sie der Forderung nach Fütterung hilflos gegenüber.

Dabei wäre bereits eine kurze Beschäftigung mit dem Modell-Fall des Narzißmus hilfreich, wie ihn die antike Sagenwelt referiert.

Erfunden wurde das Phänomen Narzißmus nämlich von einem Knaben namens Narziß, der zwar göttlich schön war, sich aber nie sattsehen konnte an sich. Wochenlang, monatelang nichts anderes mehr im Kopf als die eigene Visage und den eigenen Body, starrte er nur noch in den Wasser-Spiegel – unfähig, an jemand anderen oder etwas anderes zu denken. Gefangen in einem Autismus, der ihm jede Kommunikation verwehrte. Er erstarrte in einsamer Selbstbetrachtung.

Was bei dieser bekannten Geschichte meistens vergessen wird: Das Schicksal des Beaus war eine offiziell verhängte Strafe dafür, daß er schon vorher viel zu selbstverliebt gewesen war, als daß er sich jemandem, sei es Mädchen oder Knabe, hingeben wollte. Er war sich zu schade für die Liebe. Einer der abgeschmetterten Liebhaber wandte sich dann prompt an die für Racheakte zuständige Nemesis. Und die verdammte ihn zu lebenslangem Spiegelgucken. Wahrhaftig ein schwerer Fluch.

Das dauernde Spiegelgucken, von der allmorgendlichen visuellen Kontrolle im Badezimmer bis zum kurzen gnadenlosen Check-up in jeder verfügbaren Schaufensterscheibe ist ebenfalls ein Fluch. Erschwert wird diese Version noch dadurch, daß die Frau neben dem eigenen Spiegelbild ständig das Idealbild eines Top-Models sieht. Und sie will gern davon erlöst werden. Denn der Spiegel bestätigt sie nicht, er sabotiert sie. Und die dauernde Betrachtung macht sie, wie dereinst Narziß, unfähig zur Hingabe, unfähig zur Kommunikation. So wird das narzißtische Problem zum verzweifelten Hilferuf an den damit reichlich überforderten Partner.

Denn der ahnt als jemand, der damit keine Probleme hat, nicht, wie schicksalsschwer die Frage ist, mit der dieser klassische Dialog beginnt, den er für

restlos überflüssig hält, sie jedoch für überlebensnot-
wendig.

Sie: Findest du mich zu dick?

Er: Nein. ★

Sie: Bestimmt nicht?

Er: Nein, wie kommst du denn auf die Idee?

Sie: Ich seh' heut einfach grauenvoll aus! ★★

Er: Wenn du so in den Spiegel schaust, kein Wunder.

Sie: Aha, jetzt kommt's raus. Du findest also auch,
daß ich scheußlich ausschau'.

Er: Das kommt aber von deiner Miene. Da kriegst du
natürlich bald Kummerfalten, und die machen
nicht gerade jünger.

Sie: So, das wird ja immer interessanter, zu alt bin ich
dir also. Gut, daß ich das endlich weiß ...

Er: Ich habe kein Wort davon gesagt, daß du mir zu
alt oder zu dick seist.

Sie: Das wäre auch eine ziemliche Frechheit, nachdem
ich, seit ich zwanzig bin, mein Gewicht halte und
die Leute mich fast immer für zehn Jahre jünger
halten.

Er: Grade eben hast *du* mich gefragt, ob ich dich zu
dick fände. War wohl nur eine rhetorische Frage.
Fishing for compliments, was? ★★★

Sie: Das hab' ich wirklich nicht nötig, also *wirklich*
nicht!

Er: Dann frag' ich mich nur, warum du sofort über
eine Frau herziehst, wenn ich sage, die sehe gut
aus.

Sie: Tu' ich doch überhaupt nicht. Das hättest du
wohl gern.

Er: Ich hätte gern, es wäre nicht so.

Sie: Damit du ungestört rumtatschen kannst oder?

104

Er: Ich glaub', du spinnst. Vielleicht solltest du wirklich ein paar Kilo abspecken, damit dein Selbstwertgefühl wieder ins Lot kommt.

Sie: Und du pflegst derweil deinen Bauchansatz. Du meinst wohl, das sei bei Männern was anderes.

Er: Ist es auch.

Sie: Das gibt es doch nicht!

Er: Außerdem bist du dran schuld, weil du nicht willst, daß ich mit meinen alten Spezeln Squash spiele.

Sie: Das sind keine Spezeln, das sind Kotzbrocken, die nichts im Kopf haben, als Mädels aufreißen.

Er: Ja und?

Sie: Na bitte, jetzt gibst du's endlich zu.

Er: WAS geb' ich zu?

Sie: Daß du fremdgehst, weil ich dir zu dick bin.

Er: Soll ich dir mal was sagen? Du bist eine hysterische Kuh, die *kein Mensch* aushalten kann.

Er knallt die Tür hinter sich zu und verläßt damit die gemeinsame Wohnung. Sie fängt sofort haltlos an zu heulen, was ihr Make-up versaut und ihrer Haut schlecht tut. Als er nach einer halben Stunde nicht zurück ist, frißt sie die gesammelten Süßwaren-Vorräte im Haushalt zusammen.

Nach einer weiteren halben Stunde kommt er zurück, mit dem festen Vorsatz, sie wortlos zu umarmen und zu lieben. Aber weil sie mittlerweile Kalorien für zwei Kilo mehr in sich reingehoovert hat, öffnet sie die Tür mit den Worten:

»Und weißt du, wer dran schuld ist, daß ich fett werde? DUUUUU gemeines Schwein.«

Sein im Grunde einsichtiger Vorsatz, von ihren Unsicherheiten bezüglich ihres Aussehens solle man am besten gar nicht erst anfangen, ist eine rührende Illusion.

Zur Sprache kommt das Thema unweigerlich.

Das läßt sich auch durch weise Prophylaxe, sprich: regelmäßige und freiwillige Abgabe von ausreichenden Bestätigungsdosen, nicht verhindern. Aber darüber reden muß man nicht unbedingt. Das läßt sich nämlich mit etwas Erfahrung mühelos abbiegen.

★ Hier muß mehr Euphorie her. Sogar Pavarotti käme ins Schleudern, erntete er nach Absingen mehrerer hoher C's in Folge nur den normalen Applaus. Also:

Er: Also wenn du zu dick bist, ist Claudia Schiffer auch zu dick.

Sie (dankbar errötend): Findest du? Na ja, die wiegt wirklich gleich viel.

Daß er hier ihren geheimgehaltenen Vergleichsmaßstab verwendet, macht sich durch sofort einsetzenden Weltfrieden im Schlafzimmer bemerkbar.

★★ An dieser Stelle braucht er Humor, um die sich anbahnende Diskussion vor gefährlicher Ernsthaftigkeit zu bewahren.

Er: Wenn man so scheußlich ausschaut, muß man sich besonders bemühen, trotzdem geliebt zu werden. Frauen mit etwas Humor lachen an dieser Stelle. Im anderen Fall steht ohnehin bald eine Trennung ins Haus.

★★★ Sie hat jetzt schon eine ziemliche Giftmenge abgelassen und könnte einlenken.

Sie (seufzend): Ja, du hast ja recht. Ich will halt öfters hören, daß du mich schön findest.

Er: Ach, Schatz, ich denke immer, das spürst du.

Dieser letzte Satz beweist, daß Männer, was die Bestätigung ihrer äußeren Reize angeht, bedürfnisloser sind. Oder zumindest pragmatischer: Wird ihre Männlichkeit bestätigt (einschlägige Geräusche nonverbaler Natur nach der Liebe genügen), braucht ihnen keine zu sagen, die Figur sei grandios. Devise: Wenn ich dort, wo ich ankommen will, gut lande, bin ich mit mir zufrieden.

Frauen wollen unabhängig von ihrem Liebsten schön sein.

Sie wollen, *absolut* und *neutral* betrachtet, als schön gelten. Denn das halten sie für eine Absicherung ihrer Chancen außerhalb der aktuellen Beziehung, was ihr Selbstgefühl aufbaut, das sie mit vielen gnadenlosen Analysen vor der verhängnisvollen Glasscheibe demoliert haben.

Selbst wenn sie es spüren, daß der Partner sie schön findet – das ist natürlich meistens der Fall –, wollen sie es gesagt bekommen. Und das muß ein Mann einsehen.

Ständig muß sich die Frau von der Werbung fragen lassen, ob sie mit ihrer Figur zufrieden sei, ob sie sich in ihrer Haut wohl fühle, ob sie nicht auch ständig vorgehabt habe, mal was gegen Cellulite und Krähenfüße zu unternehmen. Die einzige Antwort darauf, zumindest die einzig entspannende, kann er geben, wenn er sagt: »Wunderbar siehst du aus!«

ANNÄHERUNGS-VERSUCH

oder:

*Wie stelle ich es an, sexuell
frustriert zu werden?*

Das Erfolgsrezept glücklicher Beziehungen ist neuesten Erkenntnissen zufolge sehr einfach: beide haben den gleichen Rhythmus.

Sie essen beide ungefähr gleich oft und im gleichen Tempo, gehen ziemlich gleichzeitig ins Bett und stehen ziemlich gleichzeitig auf, brauchen die gleiche Ration Urlaub im selben Monat.

Sie sind gleich faul, beziehungsweise gleich fleißig.

Und sie haben ungefähr gleich oft und zur gleichen Zeit sexuelle Gelüste.

Letzteres ist zwar theoretisch besonders erfreulich, praktisch aber besonders selten.

Mit dem Risiko, daß mich einige Frauen beschimpfen werden, behaupte ich: Die meisten Frauen mögen es gern, wenn es drumherum so ein bißchen romantisch wabert.

Also nicht das kalte Licht eines Novembermorgens auf ihre Brüste fällt, der Schlafzimmermief das einzige Parfum ist und das leise Ticken des mit Schellen drohenden Weckers die einzige Musik.

Anders gesagt: Sie haben es meistens lieber etwas vorbereitet.

Sicher gehen die meisten Männer der Welt mit dem großen Maler Kirchner überein, der behauptete: »Die erste Bedingung im Liebesleben ist doch, daß eine Frau sauber ist.«

Was für Männer eigentlich genauso gilt, auch wenn manche Frauen dem Gerücht anhängen, Männer- schweiß sei wohlriechend und viril.

Die meisten Frauen jedenfalls glauben, frischge- duscht appetitanregender zu sein und fühlen sich folglich wesentlich erotischer, wenn sie nicht die Aus- dünstungen eines langen Arbeitstages oder einer Nacht zwischen den Schenkeln spüren.

Das Problem andererseits bei allzu detailgenau ge- planter Romantik ist, daß die Romantik zu einem Ab- ziehbild ihrer selbst verkommt, zu einem faden Re- make, wo schon die Tatsache, daß hinter jeder Kerze und jedem schwarzen Straps eine Erwartungshaltung lauert, muntre Männer müde macht.

Außerdem spielt bei der klassischen Animations- Abfolge der Alkohol eine zwiespältige Rolle.

Das berühmte Glas Champagner wird meist zu einer Flasche und dem animierenden Glas Wein geht's ge- nauso. Das verlangsamt die männliche Explosionskraft und fordert damit die Belastbarkeit der spezifisch weiblichen Organe. Und sobald eine Frau das raus- kriegt, ist sie für den Liebesspaß nach der langen Party irgendwo nicht mehr mühelos zu begeistern.

Macht sich ein Mann aber, ohne ihre Ablehnung zu berücksichtigen oder überhaupt zu bemerken, an seine Herzensfrau ran, gibt es Zoff. Das ist eine in den Mythen verankerte Tatsache: Hephaistos bedrängt Athene sexuell ziemlich heftig, die wehrt sich genauso heftig, was ihn offenbar erregt. Jedenfalls fällt sein Samen zu Boden und befruchtet die Erde. Der daraufhin geborene Sohn heißt Erichthonios von ›chton‹, die Erde, und ›eris‹, der Streit.

Bleibt also die Frage: Wie halte ich den Partner von sexuellen Übergriffen ab, ohne daß es deswegen Streit gibt? Wie erkläre ich ihm, daß ich jetzt, aber wirklich nur jetzt gerade nicht mehr will, ohne ihn zu beleidigen und zu kränken, was ihm die Lust auf weitere Unternehmungen rauben würde.

Der Ausredenkatalog von Frauen für solche Situationen ist angeblich wesentlich größer als der von Männern, aber andererseits derart oft publiziert und diskutiert, daß er nicht mehr verwendbar ist.

Sogar echte Migräne erntet nur süffisantes Grinsen.

Beide kommen von der Party nach Hause, er faßt ihr bereits an dafür geeignete Stellen, während sie die Türe aufschließt.

Sie (noch gut gelaunt): Ach laß doch. Nicht hier.

Er: Warum denn nicht? Schaut doch keiner zu …

Sie öffnet die Tür, er schiebt sie rein und ihren Rock hoch.

Sie: Komm, laß uns ins Bett gehn, ich bin müde.

Er: Jetzt bist du auf einmal müde. Vorher hast du mir die ganze Zeit ins Ohr geflüstert, du hättest wahnsinnig Lust und hast mich aufgegeilt. ★

Sie: Du hast zuviel getrunken.

Er: Nicht mehr als du. Jetzt komm schon.

Sie: Ich will mich zuerst noch abschminken. ★★

Er: Den Trick kenn' ich schon. Da machst du dann

ewig im Bad rum und hoffst, daß ich in der Zwischenzeit einschlafe.

Sie: Blödsinn.

Er: Also, du willst doch noch? Dann schmink dich halt nachher ab. ★★★

Sie: Du lallst ja richtig. In dem Zustand kriegst du doch heute nichts mehr zustande.

Er: Soll ich's dir beweisen? Ich brauch' dabei ja nicht zu reden (er umarmt sie heftig).

Sie (sich verärgert von ihm befreiend): Besoffen fikken kannst du eine Nutte, aber nicht mich.

Er: Ganz schön ordinär bist du.

Sie: Anders kapierst du's ja nicht.

Er: WAS kapier ich nicht?

Sie: Daß ich jetzt nur noch schlafen will …

Er: Du meinst wohl, daß du frigide bist.

Sie: Ich bin nicht frigide.

Er (wirft sich auf sie, keucht): Was denn dann?

Sie (kreischt): Geh weg, das grenzt an Vergewaltigung. Geh bloß weg!

Er: Okay, das mit der Nutte war wahrscheinlich gar keine so blöde Idee.

Beide schlafen ermüdet ein, Rücken an Rücken, mit Zuckungen im gastrointestinalen Bereich.

Beide träumen miserabel: er, daß sie ihn betrügt, sie, daß er sie betrügt. Entsprechend erfrischt beginnen sie den nächsten Morgen.

★ Abgesehen davon, daß noch heftigere Annäherungen ihrerseits auf einer Party zum öffentlichen Ärgernis würden, mögen es Männer bis heute nicht besonders, von ihrer eigenen Frau/Lebensgefährtin angemacht zu werden. Auch wenn ihr Selbstwertgefühl so stabil ist wie das der Fernsehmoderatoren, wollen sie doch lieber selber die Initiative ergreifen. Glaubt man dem ›Trendbuch‹ von Mathias Horx, sind daran die maßlosen, ewig fordernden Frauen schuld. »Junge Männer fühlen sich von den jungen Frauen zunehmend erpreßt und überfordert ... Sie fühlen sich von den widersprüchlichen Bildern, die die Emanzipationskultur ausgebrütet hat, unter Druck gesetzt.«

Jede halbwegs intelligente Frau wittert natürlich, warum diese Brut der Emanzipationskultur unheilvoll sein muß: Das Leben ist für Männer dadurch etwas weniger bequem geworden. Und so bringt man den Frauen bei: Seid endlich wieder richtig nett unemanzipiert, dann sind eure Männer auch wieder potent.

Die Tatsache, daß auch ältere Männer, unbehelligt von den potenzschädigenden Einschüchterungen der Gleichberechtigung, lieber anmachen als angemacht werden (es sei denn, professionell), widerlegt die Horxsche These. Näherliegend ist die Vermutung, daß ein Mann, der ja schließlich physisch beweisen muß, wie sehr er auf eine Frau steht, sich so besser stimulieren kann. Er sucht aus, was ihn erregt. Das ist nicht machistisch, sondern menschlich und bedarf keiner soziokulturellen, geschweige denn emanzipationskulturellen Erklärungen.

Eine Frau mit Fingerspitzengefühl ist also nicht beleidigt, daß er, kaum macht sie ihn an, mit ihr die Party verläßt, sondern gibt ihm zu verstehen, daß sie auch danach noch Lust hat. Sollten dann gewisse Ermüdungserscheinungen der Durchführung im Wege stehen, wird das Liebesspiel nicht aufgehoben, nur aufgeschoben.

In unserem Fall sagt sie also: »Ich bin noch immer

scharf auf dich, aber ich befürchte, wir schlafen beide drüber ein, Schatz. Wie wär's mit morgen nach einem kleinen Sektfrühstück? Ich hab' eine Flasche auf dem Eis.«

★★ Natürlich kapiert er, was sie damit sagen will. Aber das braucht er ja nicht zu sagen. Ausreden sind schließlich etwas sehr Menschliches: Sie verschleiern die nackten Tatsachen, und das tut denen manchmal ganz gut. Oder, um mit Wilhelm Busch zu sprechen:

»Wer möchte diesen Erdenball noch fernerhin betre-
    ten,
wenn wir Bewohner überall die Wahrheit sagen täten.
(...)
Da lob' ich mir die Höflichkeit, das zierliche Betrü-
    gen.
Du weißt Bescheid, ich weiß Bescheid, und allen macht's Vergnügen.«

Er sagt also besser: »Okay, aber beeil dich. Ich will wenigstens noch schmusen mit dir. Das geht doch noch, oder?«

★★★ Jetzt muß sie ihn einbremsen. Aber nicht mit der Unterstellung alkoholbedingter Impotenz.
    Sondern indem sie sich selber miteinbezieht in die etwas angeduselte Stimmung.
Sie: Du, ich glaub', Abschminken ist das einzige, was ich heute noch zustande kriege. Ich sag's dir ganz ehrlich: Ich befürchte, ich würde gar nichts mehr mitkriegen von deinen Liebeskünsten. War wohl bei mir auch etwas zuviel Pinot Grigio.

Daß die Lust bei zwei Menschen nicht in demselben Rhythmus tanzt, ist noch lange kein Grund, sich deswegen heftig auf die Füße zu treten.

Weh tut das der Seele nämlich nur, wenn drüber diskutiert wird. Weil es für den Begehrlichkeits-Rhythmus nun mal keine Argumente gibt, müssen welche erfunden werden. Oder gefunden werden. Es gibt nicht den besseren und den schlechteren Zeitpunkt, Liebe zu machen. Also reden wir uns im Fall der Unlust mit irgend etwas anderem raus. Der Geliebte, bzw. die Geliebte merkt natürlich, daß es sich um eine Ausrede handelt, und ist deswegen beleidigt. Beim nächsten Mal versagt sie/er Gründen des Punkte-Ausgleichs das Mitspielen. Das ist der Anfang eines revanchistischen Hickhacks, der, wie alle Kleinkriege dieser Art, nur zermürbt und zwei Verlierer zurückläßt. Erschwerend kommt hinzu, daß die meiste Literatur zum Thema Sexualität den Geschlechterkampf anheizt: »Laß dir bloß nichts gefallen«, heißt die Devise. Das hat viele zu ziemlich sturen Überzeugungstätern gemacht. »ICH muß sexuelle Gelüste haben, sonst mach' ich gar nichts.«

Das ist zwar konsequent, aber wirklichkeitsfern.

Schließlich ist es auch in der Liebe so, daß der Appetit beim Essen kommt.

Aber wir haben uns an den Gedanken gewöhnt, auf so ziemlich alles ein Anrecht zu haben.

Und das verteidigen wir wortreich – vor allem wenn es um das geht, worauf kein Mensch einen Anspruch erheben kann (es sei denn, er zahlte): um Liebe.

Die nervtötenden Diskussionen darüber, warum einer jetzt grade nicht will, würden sich erübrigen, wenn klar wäre, daß jeder den anderen sexuell begehrt und nur im Ernstfall, bzw. Notfall auf Sex mit ihm verzichtet.

An dem sinnlosen Sich-Rechtfertigen und den stundenlangen Debatten ist letztlich doch nur eines schuld: die Angst davor, der andere könne die Absage für ein Indiz dafür halten, daß die Liebe verschwunden ist oder jemand anderem gehört.

Und diese Angst ist so dümmlich wie überflüssig in einer guten Beziehung mit gutem Sex.

Schließlich ist doch auch kein Starkoch beleidigt, wenn ein Gast mal nicht alles ratzeputz aufißt.

Und dann sei noch verwiesen auf eine probate Methode, die die griechische Mythologie uns mitteilt.

Da gibt es eine erotisch sehr bedürftige und auch leicht animierbare Dame namens Semele (lat. Luna), die Mondgöttin. Sie verknallte sich in Endymion, einen nicht standesgemäßen Hirten. Und die Göttin fand eine Lösung, die sie zumindest als Ergänzungsprogramm offenbar befriedigt hat: Auf ihren nächtlichen Ausflügen drehte sie bei ihm eine Kurve und küßte den schlafenden Traummann.

Wer das mal ausprobiert hat, stellt verblüfft fest, wie schön es ist, die/den Geliebte(n) im Schlaf zu streicheln und liebkosen.

Zweiflern versichere ich: Es ist jedenfalls schöner, als ein nächtlicher Zoff, der immer weiter ins Obszöne abrutscht.

ERBANLAGEN

oder:

*Wie mache ich jemanden mit seiner
eigenen Familie fertig?*

Es liest sich wunderbar. Immer und immer wieder.
Zwillinge, gleich nach der Geburt getrennt, treffen
sich als Erwachsene wieder. Und siehe da: Beide
haben ein Gummiband ums Handgelenk, nagen an
Zahnstochern, fahren zu schnelle Schlitten, trinken zu
viel MaltWhiskey, tragen mafiosische Sonnenbrillen
und haben einen unwiderstehlichen Drang, auf weißen Gartenbänken Gummibärchen in sich reinzu-
stopfen.

Daß die angeblich schlagenden Beweise der Zwil-
lingsforschung zum Großteil getürkt sind, ist längst
publiziert. Akzeptiert ist es aber keineswegs. Denn es
klingt einfach zu verlockend, daß an allem – bis hin
zur kleinsten Macke – unsere Eltern und Großeltern
schuld sein sollen.

Vor allem in Diskussionen ist das Argument geneti-
scher Veranlagung ungeheuer beliebt.

Denn mit dieser sich sachlich gebärdenden Aus-
sage lassen sich ganz ökonomisch immer zwei Perso-
nen gleichzeitig beleidigen – eine anwesende und

eine meistens abwesende. Anders gesagt: der Vererbende und der Beerbte.

Das Phänomen, daß keine Frau wie ihre Mutter sein will – und sei die noch so bewundernswert –, kommt hierbei vor allem Männern zupaß. Aber zu Sigmunds Freude ist auch bei den meisten Männern der ödipale Kampf mit dem Vater noch nicht ganz ausgefochten, und es gibt, außer väterlichen Erfolgen, einiges, was der Sohn nicht von ihm haben will. Fängt an mit dem Haarausfall, hört auf mit der Wampe oder der Besserwisserei.

Dahinter steckt vielleicht auch ein Instinkt dafür, daß nur durch das bewußte Anderssein als die Eltern die eigene Persönlichkeit entstehen kann.

Und das spricht doch für ein recht gesundes Abgrenzungsbedürfnis.

Ungesund wird's erst, wenn dieses mühsam gewonnene eigene Profil vom anderen mutwillig plattgewalzt wird. Es ist schon von quälender Sinnlosigkeit, wenn zwei Wissenschaftler sich darum kloppen, ob die Vererbungstheorie oder die Milieutheorie das einzig Wahre sei. Aber wenn das zwei sich angeblich liebende Menschen praktizieren, ist dieser Streit eine Materialschlacht übelster Sorte, bei der tiefe Wunden geschlagen werden.

Es ist zwanzig vor acht.

Sie macht sich fertig zum Ausgehen. Er ist bereits fertig und scharrt penetrant aufbruchsbereit in Nähe des Kleiderschranks oder des Badezimmers herum, wo sie letzte Hand anlegt.

Sie: Welches Kleid soll ich denn nehmen, das schwarze oder das rote?

Er: Mir egal.

Sie: Och, jetzt sag doch. Ich such' dir schließlich auch immer die Krawatte raus.

Er: Okay, zieh das schwarze an.

Sie: Das rote ist dir wohl zu aufregend, oder?

Er: Aufreizend wäre richtiger. Du mußt ja nicht jedem deinen Busen bis zu den Brustwarzen zeigen. ★

Sie: Bei anderen Frauen findest du das ...

Er (laut): GUUUT, dann zieh eben das verdammte rote an. Aber laß mich endlich in Frieden, und beeil dich. Es ist gleich acht.

Sie (kommt im schwarzen Kleid aus der Garderobe): Es ist viertel vor.

Er: Und um acht sind wir eingeladen. Also, jetzt mach endlich voran.

Sie: Mach du mich nicht nervös. Bin ja gleich soweit.

Er: So hast du's jetzt?

Sie: Ich muß mir noch die Lippen nachziehen ...

Er: Ich sag' nur: Es ist jetzt ...

Sie: Ssa. DAS hast du jetzt davon. Alles verwackelt, die ganze Kontur ...

Er: Dann geh eben ungeschminkt.

Sie: Tät dir so passen, daß ich dann scheußlich ausschau. Ich hab's ja gleich.

Er (löscht demonstrativ das Licht im Bad und Flur): Also, los dann ...

Sie: SO-FORT.

Er: Du bist wie deine Mutter, genau wie deine Mutter. ★★

Sie: Du bist sowas von fies. Meine Mutter ist chronisch unpünktlich. Das ist was ganz anderes.

Er: Das ist haarscharf, was du machst.

Sie: Das ist eine ganz gemeine Unterstellung. ICH wie

meine MUTTER. Da würde ich meinen Job gar nicht packen.

Er: Ich wußte gar nicht, daß du so wenig von deiner Mutter hältst.

Sie: Ich halte sehr viel von ihr, aber ... ★★★

Er: ...du hältst dich für was Bessres, weil du drei Kleidergrößen weniger trägst. Warte nur, in fünfzehn Jahren wiegst du ...

Sie: In fünfzehn Jahren hast du jedenfalls die Glatze und den Bierbauch von deinem Vater.

Er: Ich trinke kein Bier. ICH kann mich beherrschen. Aber du naschst ja dauernd irgendwelchen Nougat.

Sie: Kann dir doch egal sein.

Er: Wenn du nicht so dick wirst davon wie deine ...

Sie: Du *bist* jedenfalls schon so ein widerlicher Klugscheißer wie dein Vater.

Er: Aha, so denkst du also über ihn. Und dann immer zuckersüß auf Bussibussi und liebe Schwiegertochter machen. Ich werd' ihm mal die Wahrheit stecken. Widerlicher Klugscheißer, ist ja wunderbar!

Hier entfernen wir uns von der erbaulichen Szene. Sie kommen zwar zu spät ins Konzert, aber weil es nicht pünktlich anfängt, versäumen sie nichts. Das ärgert ihn, weil der pädagogische Effekt versaut ist. Nach dem Konzert streiten sie im Lokal weiter und danach im Bett. Erst am nächsten Morgen fällt beiden ein, daß sie an diesem Abend ihre dreijährige Liebe hatten feiern wollen.

»Zuerst lieben die Kinder ihre Eltern, dann kritisieren sie sie. Selten, wenn überhaupt, verzeihen sie ihnen«, hat Oscar Wilde behauptet.

Weil aber die meisten Kinder irgendwann selber mal Eltern werden, übernimmt das Schicksal die Rache, bzw. den gerechten Ausgleich, und alles ist erledigt.

Das Problem liegt woanders. Es liegt in dem irritierenden Phänomen, daß jeder zwar für sich das Recht beansprucht, seine Eltern zu kritisieren. Aber es *nie* einem anderen zugestehen würde.

Das ist nicht logisch, aber menschlich. Denn einerseits haben wir keine Lust, uns vom Bannfluch der Erbanlagen fesseln zu lassen – die Erfindung der Erbsünde ist eine der infamsten Ideen der Christenheit –, andererseits identifizieren wir uns eben doch mit unserer genetischen Herkunft.

Diesen Zwiespalt nützt ein schlauer Mensch im Kriegsfall natürlich aus. Er sagt ganz einfach: »Du bist genau wie deine Mutter/dein Vater.« Und prompt stürzt der, dem das vorgeworfen wird, in besagten Zwiespalt hinein. Einerseits empfindet er das nämlich als Beleidigung, andererseits darf er nicht zugeben, daß ihn das beleidigt, denn das würde ja offenbaren, daß er selber von besagtem Elternteil nichts hält.

Und schon ist es passiert.

Der Sohn, der seiner Frau nie zugesteht, an seinem Vater irgendwas auszusetzen, gibt plötzlich in der Rage zu, daß er um nichts in der Welt wie sein Vater sein wollte. Und ihr, die angeblich nichts auf ihre Mutter kommen läßt, rutscht auf einmal raus, was ihr an der alles nicht paßt.

Der Nichtangriffs-Pakt für anderer Leute Eltern läßt sich auf diese Weise schlau umgehen. Die kriegen so nämlich indirekt einen Tritt ans Schienbein.

Anders gesagt: Man meint den Esel und haut den Sack. Leider tut das dem Sack sehr weh.

Der Hinweis auf Erbanlagen macht uns so wütend, weil er so unausweichlich ist. Plötzlich sehe ich mein Leben wie eine Autobahn vor mir, von der ich nicht mehr runter kann, und die direkt dorthin führt, wo der Vater oder die Mutter steht und ich um nichts in der Welt hinwill. Am besten also biegt man vorher ab.

★ Sie spürt an dieser Stelle längst, daß er geladen ist. Weil sie jetzt aber weder Zeit noch Nerven hat, Ursachenforschung zu betreiben, vermeidet sie den Konfliktstoff. Sie zieht also kommentarlos das schwarze Kleid an, das sie ohnehin angezogen hätte, und gibt ihm damit nonverbal recht. Denken kam sie sich ja ruhig was anderes.

★★ Selbstkritik ist eine grandiose Methode der Vorbeugung. Sie sagt also, statt sich aufzuregen und damit zu verraten, was sie selber an der Mutter stört: Ich befürchte, du hast recht. Blöd, daß ich nicht auch ihre Oberweite geerbt hab'.

★★★ Das ist die Stelle, wo er ihr die Hand reichen sollte, bevor sie ins Schlamassel gerät.
Er: Ja ja, ich weiß schon, daß du deine Mutter lieb hast. Aber ich würd' an deiner Stelle ihr ewiges Rumgetrödel wegen nichts und wieder nichts auch nervig finden.

WARNUNG! Er darf auf keinen Fall sagen: »Ich finde ihr ewiges Rumgetrödel auch nervig.« Der Nicht-angriffs-Pakt für anderer Leute Eltern gilt auch im Fall der Streitvermeidung.

Zum Thema paßt ein vielzitiertes Goethe-Wort: »Was du ererbt von deinen Ahnen, erwirb es, um es zu besitzen.«

Leider wird dieser Ausspruch immer so interpretiert, daß wir selber recht viel büffeln müssen, um uns der herrlichen Traditionen als würdig zu erweisen.

Diese Deutung ist wirklichkeitsfern und nicht anwendbar. Dabei liefert das Goethe-Wort, richtig verstanden, eine praktische Lebenshilfe.

Wer sein Erbe nicht nur nolens volens übernimmt, sondern bewußt annimmt, ist besser gerüstet. Ihm wird klar, welche Macken er geerbt hat, und daß es was bringt, selbige prophylaktisch zuzugeben.

Ein Mensch, der ohne Not freiwillig irgendwelche Fehler oder Mängel eingesteht, ist so selten, daß man ihn einfach liebhaben *muß*.

ENDE DER DISKUSSION

oder:

Klugheit ist gefährlich

Endlich sind wir soweit: Kein Mann traut sich mehr, den Spruch anzubringen, mäßige Intelligenz sei ein Garant für guten Sex.

Blondinen dürfen intelligent sein und kluge Männer schön. Schlaue Frauen dürfen lange Beine haben und Intellektuelle einen knackigen Hintern.

Jetzt, wo wir es geschafft haben, daß Hirn nicht mehr als Hindernis für Sinnlichkeit angesehen wird, verderben wir uns das Image wieder durch endloses Gequatsche. Warum? Weil wir mit ihm unsere Intelligenz demonstrieren wollen. Weil wir beim Reden, und sei's noch so boshaft oder sinnlos, wohlig unsere Schlagfertigkeit, unsere Formulierungskunst, unsere Geistesgegenwart genießen. Je redegewandter und intelligenter ein Pärchen ist, desto größer die Gefahr, daß sie sich ihre Liebe zerreden.

Wir haben panische Angst, Nachgeben könne als Schwäche, als Niederlage interpretiert werden. Das ist naheliegend in einer Welt, die nur den ›Winnern‹ sexuelle Attraktion zugesteht.

Aber es ist zerstörerisch.

Wie schlau ein ›Looser‹ ohne langes Gequatsche eine Diskussion abbiegt und eine nonverbale Methode findet, Punkte zu machen, führt uns schon Homer in der Ilias vor. Er beweist: Ein echter Held kann sich durchaus mal eine Schlappe leisten. Hauptsache, er versucht nicht, sie wegzuargumentieren.

Helena, die schönste Frau der Welt in besseren antiken Kreisen, sieht von der Mauer aus zu, wie sich ihr Gatte Menelaos mit ihrem Lover Paris prügelt. Sie kriegt leider auch mit, daß Paris Schiß bekommt, den Schwanz einklemmt und abhaut. Seine Beschützerin Venus versucht zwar, nachdem sie ihn ja mit Helena verkuppelt hat, sein Gesicht zu wahren und hüllt ihn barmherzig in eine Wolke. Aber als er in diesem Vehikel auf dem Lager Helenas landet, zieht die sofort über ihn, den Schlappschwanz, her. Schlauerweise macht Paris keine Anstalten, sich rauszureden oder, was naheliegend wäre, Helena anzugreifen, die ihn schließlich in diese prekäre Lage gebracht hat, sondern beweist lieber seine Qualitäten als Liebhaber. Sie kapiert, daß er doch ein starker Typ ist. Ende der Diskussion.

Annette
Kast-Riedlinger

»... boshaft, selbstironisch und spannend – meilenweit entfernt vom deutschen Selbsterfahrungsschwulst.« FREUNDIN

01/8667

Außerdem erschienen:

Von nun an bitte ohne mich
01/8353

Wilhelm Heyne Verlag
München

Sarah Harrison

Witzig, frech, spritzig - Frauenromane neuer Art!

01/8334

Außerdem erschienen:

Jetzt erst recht!
Roman
01/8754

So nicht!
Roman
01/8419

Wilhelm Heyne Verlag
München